別讓
好脾氣害了你

You Need *Your Bottom Line*

周維麗——著

目錄

chapter

03

勇敢做自己，不要總是迎合別人

chapter

04

真正的強者嚴以待人，嚴以律己

chapter

05

保持強悍，你的人生才能突圍

前言

脾氣再好，也要有底線。

蘇東坡曾寫過一篇《留侯論》，文章提到一個觀點：那些被稱作豪傑的志士，一定都有過人的節操，和一般人所沒有的度量。有勇無謀的人在遭受屈辱後，只會拔劍而起，這種人並不是真正的勇士。天底下真正具有豪傑氣概的人，向來都是臨危不亂，受了屈辱也不輕易動怒，就是因為他們擁有寬廣的胸懷和遠大的志向。

接下來，蘇東坡舉了一個例子。漢朝開國名臣張良早年就表現出過人的才識，卻想要像荊軻那樣去刺殺秦王（安排大力士刺殺秦王），這是不理智的下下策。後來張良在橋上遇到了黃石老人，老人認為張良的銳氣太盛，故意刁難他，於是把鞋丟到橋下，要求他撿回來給自己穿上。經過重重考驗的張良，很快就從老人那兒學到了《太公兵法》。

蘇東坡認為，鄭襄公脫去上衣裸露身體、牽羊迎接準備攻打鄭國的楚莊王，這種低姿態挽救了鄭國；越王勾踐甘願成為吳王闔閭的奴僕，從而為自己的復仇奠定了基礎；同樣的，張良能忍住憤怒去成就遠大的謀略，也是為了之後的成功鋪路。而漢高祖劉邦也正是因為張良給了他容人的氣度才能夠登上王位，反觀不能忍耐的項羽，隨隨便便就展示自己的強勢，最終失去了爭霸的優勢。

還有司馬遷，原本猜測張良是一個身形魁梧的人，沒想到對方只是一個長得像女人的小個子，所以蘇東坡感慨張良之所以成為張良，就是因為他的忍耐力比那些外表剛強的人強好幾百倍。

這篇《留侯論》闡述了「忍」這個中心思想，而「忍」也幾乎成了中華民族過去幾千年人際交往中最重要的一個法則。即使到了現代，都還有很多人會借鑑蘇東坡的文章來反省自己，並總結出了現代社交法則——盡可能保持好脾氣。

現代人接受的多半是強調平和的教育，大家從小被教育的觀念就是「要克制自己的情緒」，因為情緒爆發時會失去判斷力，招致許多不必要的麻煩，於是就演變出像是「如果有一隻狗咬你，難道你要把牠咬回來嗎？」這樣的說法，雖然看起來是句玩笑話，但的確能讓我們說服自己壓抑情緒。

不僅如此，幾乎所有的現代教育都在宣揚保持內心平和，教導大家如何與自己對話，啟發自我認知，而且這種對話內容很敏感，涉及的話題也很多，包括我是誰、我該如何看待自己、發生的事情如何影響到我的情緒、個人形象與自我認知等等。

當自我認知逐漸發生作用的時候，我們會提醒自己：我要做一個好人、好鄰居、好同事、好下屬……對我們而言，維護個人形象至關重要，一旦自己變得有攻擊性，成為麻煩製造者，或是表現出不配合的態度，就可能會覺得渾身不自在。

從另一個角度來說，情緒也許是生活中最平常、但卻最讓人頭痛的東西，是人類面對自己的重大挑戰之一。想要讓情緒平穩不會傷人很難，因為人們總是希望自己的情緒不會引起任何事端，不要讓自己承擔任何責任和風險，但同時又要確保自己的權益不會受損。正因為有這樣的想法，很多時候大家會下意識的提醒自己，應該保持忍讓的姿態，或是壓抑那些不好的情緒，才能真正減少麻煩。

可是事實證明，我們越是想要克制情緒越容易出問題，還會因為太執著於「示弱」、「善忍」的理念，而失去應有的進取心。社會學家認為，一個真正健康正常的人應該主動釋放自己的影響力，更加主動的去爭取利益，去展示自我，去影響他人，而不是消極被動的承受所有外力。

孔子說過：「禮之用，和為貴。」千百年來，這句話一直都被奉為人際交往的圭臬，意思是：與人交往要以和為貴。不過很多人只記得這一句，卻沒有注意到孔子後面還有一句：「先王之道，斯為美。小大由之，有所不行。知和而和，不以禮節之，亦不可行也。」

如果完整解讀這整段話，意思就是：「禮的作用，主要在於讓人與人之間能夠和諧相處。先王治國，不論大小事情，也都是以這個原則為最完美的作法。但是這也有行不通的時候，如果只想要和諧，卻不想用禮節來規範，這樣也是不可行的。」

這句話的重點就是不要為了「和」而「和」，而應該有原則的調整作法，像是必須適時制定相關規則來約束大家的行動，不能一味的只講求以和為貴。也就是說，孔子所提倡的以和為貴是有原則的，一旦打破這些原則，那麼以和為貴的行為準則也就不成立。

以此類推，保持好脾氣也應該是有限度、有原則的。我們偶爾還是需要改變一貫的「好人」形象，在必要的時候要更加強硬一些，甚至可以表現得更具攻擊性，或是適當的發脾氣。

而且真正聰明的人並不是一味迎合環境，而是善於根據實際情形和需求來調整自己的行為模式，他們並不會刻板的堅持某一種道德觀念，也不會將「好心」當成道德的唯一標準。

不僅如此，有越來越多的證據顯示，適當發脾氣對於個人的生活、工作和社交有很大的益處，因為發脾氣可以加強語言組織能力，能夠提高記憶力，同時強化個人的說服力。負面情緒還能讓人更加直覺的意識到，自己正處於一個充滿挑戰和競爭的環境，為了應對這些挑戰，我們需要表現得更加專注，需要擁有更敏銳的思維，需要對自己提出更高的要求。

本書分析了片面追求好脾氣會帶來的危害，並且從人際相處、團隊管理、自我強化、商業競爭、職場文化等多個面向，深入探討與「脾氣」有關的元素，同時也論證了「壞脾氣」的合理性和必要性。此外，本書用字平實、內容充實，且特別著重實際操作，所提到的例子也生動豐富，有很高的參考價值及借鑑意義，與一般的說教及勵志雞湯不同，非常容易閱讀。

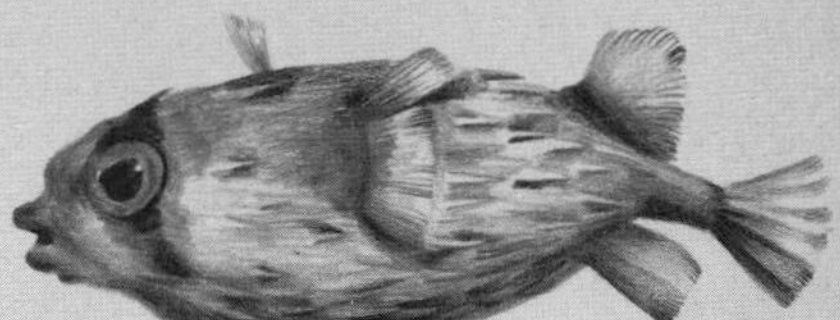

好好先生、好好小姐往往更受人歡迎，

但現實卻是因此在人際關係中，

不斷處於弱勢，反而受到排擠。

chapter

01

好脾氣讓你受歡迎，卻不受重視？

01

這是個「以和爲貴」的時代？

許多社會學家都說：「這是個以和為貴的時代。」「以和為貴」並不是一個新議題，早在幾千年前的孔孟時代，聖人們就一直強調這樣的觀點，企求能在充滿矛盾和衝突的世代中得到一些安寧。在過去很長一段時間裡，「以和為貴」多半只出現在個人的行為準則上，並未形成社會文化現象，直到現在，隨著社會的發展和文明的進步，人們才真正有可能將這個原則付諸於生活上。

每個時代都有獨特的環境，存在著各式各樣的紛爭，每個人每天都會遭遇各種壓力，也都會為了自身利益而與人發生糾紛。但儘管衝突和矛盾從來不曾消失，也不可能真正消失，隨著人們道德感的不斷提升，人與人之間的衝突已經變得更容易控制，人際關係也變得更加和諧。

對比過去與現在就會發現，現代人無論是在生活或工作上，都比以前的人更懂得應對人際關係上的挫折和衝突，更知道如何緩衝壓力。

曾有社會學家對比一九三〇年代和現今的紐約地鐵，發現以前的人擠地鐵時經常發生打架事件，而現代人比較文明和善，很少有人會刻意挑起事端。從整個社會環境來看，公共場合的辱罵、推擠事件已經越來越少，人們自我控制的能力正在增強。

如今，大家都傾向以「和睦」的方式來化解衝突，除非是特別棘手的問題，否則大多數人都不願意與人產生糾紛，會有這樣的轉變，顯然是因為道德感的提升帶動了大家有良好的表現。有人這樣說過：「在中世紀，做慈善是一件無法想像的事，而今天，大家都懂得幫助他人是一種美德。」

不過，社會越來越和諧並不僅僅是出於道德感，還在於社會分工的精密化。分工使得人際關係越來越密切，在共同利益及環環相扣的合作制度下，大家不會輕易與人撕破臉，即便是競爭對手之間，也很少像過去會用激烈的手段相互壓制，畢竟大部分時候，維持良好關係有助於日後的合作。

在社會分工不明確的年代，競爭往往易見且直接，但是社會進步帶來了更多的合作機會，大家變得更樂於合作，願意用溫和的方式消除彼此之間的分歧。

如果從生存的角度來說，趨利避害是最高指導原則，而和諧正好是避免相互傷害的基本準則，即便是魯莽的人也不會刻意挑起紛爭（除非有利益需求）或是製造混亂。正因為如此，大多數人都試圖以最溫和、最受歡迎的方式與周遭相處，而「和」也成為大家都關注的焦點、一個最基本的文化認同符號。

在現代生存和文明機制下，「以和為貴」的思想幾乎無處不在，或許我們每一個人都可以看看自己在面對衝突和分歧時的反應，是不是在不經意間就做出了類似下列的表態，成為「好脾氣」的人：

「就按照你的意思去做吧！」

「你說的很對，我承認自己的想法有些幼稚。」

「我覺得我們之間有誤會，應該坐下來好好談一談。」

「我願意繼續溝通這個問題。」
「你不用道歉，這件事對我來說真的沒什麼。」
「可能是我想太多，我覺得應該跟你道歉。」
「這件事不是你的錯，我也有很大的責任。」
「暫時的失敗而已，希望你下次繼續努力。」
「大家都會做錯事，你不用太內疚。」
「好吧，我們就換一種方法吧！」
「我不想惹事，還是躲遠一點吧！」

好脾氣的人多半擁有這些特點：

- 被他人無理的冒犯時，總會告誡自己「算了，沒必要跟對方計較」或者「忍一時海闊天空」，甚至會選擇原諒和同情那些傷害自己或是犯錯的人。
- 經常和別人說心裡話，還會把一些私密的內容拿出來與人分享，毫無防備之心。
- 經常被親近的人欺騙，但仍然義無反顧的相信他們，而且還很快就忘記曾經被騙，再把這些傷害自己的人當作朋友。

- 經常抱著「吃一點虧沒關係」的想法，或是想著「我退一步對方也會退一步，如果對方沒有讓步，那我就後退兩步」，認為自己可以用真心打動別人。
- 總是擔心一旦不迎合對方，就會傷害到彼此的感情，因而無條件認同朋友的所有事情。
- 見誰都說好話，一旦發現自己與他人意見不一樣，就會主動改變想法，因此經常轉變自己的立場和原則。
- 很少處罰那些犯錯的人，即使對方已經接連犯錯。

以上都是堅持「以和為貴」的具體表現，這樣的人遇到不公平對待時，常常會忍氣吞聲、視若無睹，甚至主動逃避。這種「多一事不如少一事」的想法，會讓人更甘於妥協，而不是採取「進攻措施」來保護自己，使得無論是在工作還是生活中，都在拚命的自我克制。

甚至在受到攻擊和傷害時，還會不斷提醒自己：「我要保持冷靜，這只是一個意外或誤會。」被欺騙時會自我安慰：「仔細想想其實也沒什麼，每個人都有可能被騙，何況對方可能不是故意的。」當意見分歧時會說：「我沒有必要和別人斤斤計較，就按照對方的想法去做吧！」當別人犯錯時又會說服自己：「不需要生氣，沒有人希望出錯，下次再提醒他們注意一下就好了。」

生存環境越是競爭激烈，大家似乎越能夠更寬容的看待這個世界，願意保留一些彈性，甚至不惜磨平自己的個性，以便更融入環境。

不過，是不是有人曾認真思考過，當一個人磨滅了個性，讓自己變成一個好脾氣的人之後，是不是真的就能為生活和工作帶來便利？真的會讓自己更容易成功？

02

當「好人」怎麼這麼難？

提到微軟公司的創辦人，大家最先想到的一定是比爾．蓋茲，但事實上，蓋茲還有一個最佳的合作夥伴，就是保羅．艾倫（Paul Allen）。艾倫和蓋茲很早就認識，感情深厚且默契十足，在創業期間，兩人一直都是互補關係。

艾倫曾經說過：「我是個『創意人』，我在紙上描繪夢想，而比爾會傾聽我的想法、提出質疑，最後得出一個最棒的點子，然後付諸實現。我們的合作有種自然的張力，但大多數時候這種默契很有成效，而且運作得很好。」

儘管蓋茲和艾倫默契十足，但是兩人的性格卻截然不同：艾倫的個性溫和；蓋茲則帶著一點天才的狂傲，而且似乎控制欲更強。

其實在創立微軟初期，蓋茲和艾倫就曾經傳出不和，當時艾倫認為兩人應該各擁有五〇％的股份，這樣的分配比較合理。不過蓋茲卻不同意，他認為自己一直負責最重要的程式設計工作，應該占六〇％的股份才對。艾倫不希望因為股份比例破壞雙方關係，於是讓步，只分得四〇％股份。

五年之後，微軟公司迅速發展，此時的蓋茲想要聘用他在哈佛大學時的同學史蒂夫．鮑爾默（Steve Ballmer），鮑爾默曾在寶鹼（P&G）的市場行銷部工作，是行銷方面的專家。

艾倫知道蓋茲有意拉攏自己人進公司，但是他並沒有提出反對意見，而且當蓋茲決定要分給鮑爾默五％的股份（蓋茲及艾倫各拿出二．五％）時，他也坦然接受。可是當艾倫度假回來後才驚覺，蓋茲騙了自己！他意外發現蓋茲私下寫信給鮑爾默，信中承諾會將公司八．七五％的股份送給對方。

艾倫無法接受這樣的欺騙，他看到信件的內容後勃然大怒，直接告訴蓋茲反對公司聘請鮑爾默，蓋茲才意識到問題的嚴重性。當時為了平息艾倫的怒火，蓋茲只好一個人承擔多出來的三．七五%股份。儘管艾倫對這件事有些生氣，但他仍然認為應該和老朋友蓋茲保持良好關係，不必為了小事傷了彼此的交情。只是艾倫並沒有意識到，自己和蓋茲之間的友情，已經出現裂痕。

一九八二年，艾倫因為罹患第四期淋巴癌決定休養幾個月，整個公司交由蓋茲管理。當艾倫痊癒後，準備偷偷回公司給老朋友一個驚喜，卻在蓋茲的辦公室門外聽到了他一生中最傷心的話：蓋茲和鮑爾默這對大學同學正在密謀削弱艾倫的實力——他們準備透過發行選擇權來稀釋艾倫的股份。

艾倫聽到這段對話後，開始為自己一直以來的妥協感到後悔，如果當初自己堅持要占五〇%的股份，或是堅決反對聘請鮑爾默，或許這一切就不會發生了。當下心灰意冷的艾倫，於是憤而離職。

對於這對黃金搭檔的拆夥，外界有諸多評論，但是絕大部分的意見不外乎：艾倫的妥協太不值得了！然而，在這個故事中，也引出一個問題：我們應該保持好脾氣嗎？做一個好人為什麼這麼難？

從生存的角度來說，保持好脾氣及強大的自我克制能力，完全符合生存和發展的需求；但是換個角度思考，只著重在「好脾氣」本身，反而會讓人失去競爭力和個性，錯失許多唾手可得的好機會。

從某個方面來說，「好人難做」似乎是一個悖論，但實際上它和現代環境以及個人的心理特質息息相關。

在競爭激烈的時代，環境會促使每個人力爭上游，盡己所能以獲得更多更好的發展機會。在這種情況下，沒有人會甘居人後，大家都在努力衝刺，同時還要想辦法防止別人超越自己。此時，「好脾氣」的人，因缺乏韌性、不夠強勢，很容易成為被踐踏或攻擊的對象。

許多自以為是的「好人」會認為，只要自己後退一步，別人就會讓出道路，但現實並非如此。在激烈競爭之下，後退一步、兩步，往往意味著未來都要繼續後退下去，如果不奮起反擊，很快就會被淘汰出局。

就像蓋茲與艾倫的例子一樣。對艾倫來說，蓋茲和鮑爾默其實是競爭對手，只不過好心腸的艾倫並不在意這一點，看似無傷的退讓，竟然成為他最後離開微軟的一個重要原因。這個社會不可能真正做到公平分配，總有一些人會占據較多資源，使得其他人顯得相對弱勢，這種不均衡的資源配置，意味著總有人會吃虧。

那什麼樣的人會在分配中屈居劣勢呢？第一種是能力不足的人，他們由於缺乏硬實力與人競爭，也就沒有能力要求公平分配或是擁有更多資源；第二種則是老實人，他們不論是實力一般或是能力很強，都會因為一直以來的退讓精神和好脾氣，在生活或工作中遭受不平等待遇。除了少數人是主動放棄爭取，大部分的老實人都是被迫吃虧，在分配資源時，分給他的東西自然而然就是最少。因此，一旦他們給自己貼上「老實人」或「好心人」的標籤，其他人就會毫不猶豫的利用他們這份老實去占便宜。

每個人都有尋求進步及自我實現的需求，但是機會和資源有限，想要獲得成功，就需要拿出競爭力和魄力來保護自己，如果被他人侵害正當利益時，沒有表現出應有的態度，那麼注定會陷入「人為刀俎，我為魚肉」的困境。

所以，一旦把好脾氣當成為人處事的法寶，卻沒有意識到自己是否過度沉溺於當一個好人，那麼在生活、工作上，也會經常陷入被動、吃虧的狀態。

03

不要把世界想得太美好

相信大家常常聽到這樣的勸告：做人應該以樂觀的心態看待生活及世界，要發現生活的美，以美好的心去感受人生；世界上還有很多善良的人、美好的事物，我們一定會遇到令人愉悅的事情……

從心理學的角度來說，這種樂觀想法有益身心；但是從現實的角度來看，這樣的思維不免太過理想主義，畢竟現實生活中除了美好的東西之外，仍然不乏壞人、冒犯者，或是利用他人的自私鬼，我們也可能被煩惱所困擾。對任何人來說，生活本來就具有多種面向及可能性。

一個初入職場的菜鳥多半會期許未來，對職場生涯有完美的規畫和美好的期待，想像擁有熱心、和睦的同事，幻想大家互相鼓勵扶持、共同進退的景象，還會期望遇見一個個性溫和、任人唯賢、公平公正、以團隊利益為優先的好老闆。

職場菜鳥對於工作太過美好的想像，無可厚非。只是這樣思考的同時卻忽略了，職場也可能是一個充滿惡性競爭、利益糾紛、自私自利的地方，不是每個同事都那麼熱心，老闆也可能是一個自大虛偽的人，整個環境也許充斥著利用與被利用的關係。

一個剛入社會的人也許會憧憬擁有美好的人際關係，能夠交到好朋友，認識很多友善的人，會在生活中獲得外界的各種幫助，還可以輕鬆暢快的與他人分享自己的一切。但現實可能是，那些看似友好的人不過是在利用他的無知，表面上和善可親，但背地裡可能一直在捅刀。

有些人習慣將自己所處的環境想得太美好，並且願意全心全意的與人相處，卻不知道自己的善良、單純、好脾氣，反而會成為被人利用的工具。這個世界雖然有很多美好的東西，但是還沒有善良到足以讓人放下所有防備。

保持樂觀積極的心態有助於我們緩解焦慮、排解負面情緒，同時能提升應對生活困境的能力，但如果過度沉溺於「世界是美好的」這種浪漫主義心態，就可能會產生錯覺，以為世界上任何東西都是無害的，告訴自己沒有必要處處設防。

一旦把世界想得太簡單、太美好，就容易落入他人的陷阱。就像看似平靜的非洲大草原，我們看到斑馬、羚羊在悠閒的吃草、嬉戲，多麼令人嚮往，表面上看起來多麼寧靜和諧；但我們卻沒看到草叢中可能潛伏著獅子、獵豹等肉食動物，其實這個草原上，天天都上演著生死追逐。人類社會就跟自然界一樣危機四伏，同樣充滿殘酷的生存法則，一旦鬆懈就可能會被淘汰。

人生本來就充滿各種可能，並非所有事物都是「高大上」或公平公正，我們必須有這樣的認知才能更加適應環境。

被譽為「世界第一女記者」的義大利作家奧里亞娜．法拉奇（Oriana Fallaci）在自己的著作《寫給未出生的孩子》（*Lettera A Un Bambino Mai Nato*）中殘忍的寫道：「也許，對你說這些還嫌太早。也許，我應該對那些令人憂傷和醜陋的事物保持片刻的沉默，向你述說一個清白而歡樂的世界。但是，孩子，這樣做無疑是把你推入陷阱，鼓勵你去相信那些幻覺：人生是一層柔軟的地毯，你可以毫不費力的在上面赤腳遠行，彷彿那些道路上完全沒有石頭。但實際上你卻會被這些石頭絆倒、傷害致殘。面對石頭，我們必須用鐵靴來保護自己，即使這樣做不足以讓自己完全不受傷害，但至少也能保護我們的雙腳。有的人總愛撿起石頭來砸你的頭。我不知道他們聽到我這些話後會說些什麼，會譴責我的瘋狂和殘忍嗎？」

這不是一個具有母性光輝的善良女人應該對孩子說的話，但是沒有人會因此指責法拉奇，因為這就是真實世界，她只是向孩子陳述現實而已，而這也是每一個人都必須正視和面對的殘酷現實。

也正是因為這些現實的存在，我們需要更加警惕的面對這個世界：

任何事情都有兩面，不能只看到好的那一面，而不去關注壞的那一面。有時候應該想想那些壞東西，這樣做能夠幫助我們建構更堅強的世界觀和價值觀。

在學習接納他人、和別人相處的時候，也要懂得保持最基本的防備心，不要輕易相信他人，凡事多注意觀察，才能避免被人利用。若是毫無防備，就等於毫無抵抗能力，也會降低在社會上生存下去的機率。

在遇到侵害時，不要總覺得對方是無心之過，或認定對方只是一時沖昏頭才犯了錯，更不要習慣性的選擇息事寧人，將那些傷害你的人想得越好，最後自己受的傷害可能就會越大。

很多人認定「人生是一場修行」，但修行的目的，並不像那些心靈雞湯所灌輸的那樣，讓人們變得更加淡然，而是應該讓我們有機會去挖掘出生活的真實面貌，對生活有更清晰透澈的認識。唯有接受真實世界的樣子，才能夠更加認識自己，主導自己的一言一行。

04

好脾氣只是在做形象

大多數人都會裝扮自己，心理學家認為，這種行為可視為是在試圖完善自己的形象，一旦意識到某種作法或行為可以讓自己看起來更完美，大家就會傾向於持續這種行為；而保持好脾氣，就是其中一種，但從心理學的角度來看，這是一種比較隱晦的功利主義。

好脾氣通常是比較穩健的溝通策略，不過在很多時候，好脾氣也是一項形象工程。我們只是單純的希望向他人展示更好的自己，就像明明被對方的糟糕行為惹得怒火中燒，卻還是選擇說好話，這麼做的目的，多半只是想讓對方更信任自己，避免被認為是一個毫無人情味、粗暴的人。

可是這種「更好」的自己，根本沒必要，因為對於雙方的溝通並沒有太大幫助，反而會讓自己陷入更加尷尬的處境。

「好脾氣的人通常比較受歡迎」，這種想法經常讓人誤解，使得許多人在與他人相處，甚至脾氣發作起來時會提醒自己：「我應該表現得更紳士一點，要讓自己看起來更有禮貌、更寬容才對。」「我會不會因為一些不恰當的言論，或是沒有及時克制的情緒，而惹怒了對方？這會不會讓我看起來像壞人？」「大家隨時都在注意我的一舉一動，我要更謹慎小心，才能維持好人形象，不被其他人討厭。」

為了讓自己看起來更完美、更受歡迎，我們會選擇犧牲一些自由及展現自我的機會，從長遠來看，這種打造個人形象的工程，無疑會讓自己陷入更加矛盾、艱難、狹隘的處境中。

畢竟當我們過於看重自己的形象時，就會不自覺的把精力放在取悅別人、贏得好感上，而不去思考如何讓自己的能力更進一步，在滿足他人需求的同時，也妨礙了自己的成長。

有時候，改造形象確實有其必要，但問題在於這種自我修飾並不保證能產生什麼效果，在剔除了個人的真實情感後，事情並沒有如同想像中那樣變得更好，我們也沒有因此變得更加容易成功。

相反的，大家所熟知的那些天才及成功人士，都沒有刻意掩飾自己。對他們而言，形象固然很重要，但並不需要過度在意，他們照樣會在他人犯錯時指著鼻子大罵、在辯論時毫無顧忌的說出自己的觀點、情緒低落時表達自己的不滿、利益受損時憤而做出反擊。從來沒有人能夠影響他們自由表達情緒，或是讓他們壓抑自己，也自然沒有人能影響他們在各自領域的成功表現。

好形象應該是由內心自然散發出來，而不是靠一時的偽裝外在形象來達成目的。所以，我們沒有必要壓抑自己，更沒有必要委曲求全，每一個人都有自己的脾氣，會經歷情緒上的高潮和低谷，偶爾發脾氣也是人之常情，在必要時，甚至要釋放「壞脾氣」來展示自己的強勢。

05

好脾氣其實是爛個性

一個人的脾氣可以很好，但是一旦好到任人擺布的地步，就成了最大的缺點。如果仔細觀察生活周遭，就會發現身邊那些「濫好人」多半都過得不太好，也許他們看起來很受歡迎，但是往往會在各方面受到制約，而這種制約並非他人造成，而是來自他們自己。好脾氣經常會被當成良好的品德，但是當一個人在他人面前毫無威脅的時候，這個人就很難和「聰明」、「崇高」聯想在一起，反而會被認為是一個「軟弱」、「被動」的人。

社會心理學家認為，「濫好人」之所以習慣於聽從別人，是因為他們潛意識裡感覺自己非常卑微、沒有價值，於是一直麻痺自己，逃避最真實的自我。這樣的人會陷入自我貶低的惡性循環：感到自己缺乏價值，於是嚴重的貶低自我，接著更加認定自己沒有價值。因此他們通常會格外期待別人的重視，期望別人給他們重視自我價值的機會。

對於濫好人來說，他們具有一定的道德感，而這種道德感會出現兩種傾向：首先，他們確實是好人，如果不去幫助或迎合別人，會對自己無法交代；其次，他們的內心擁有一套畸形的補償機制，為了心理保護，用道德感來掩蓋掉自己得罪別人的恐懼，所以他們常常會在表面上提醒自己：「我不幫忙就是不會做人，這樣有違自己一貫的風格。」但從實質上來說，他們不過是害怕自己在得罪人之後可能遭受懲罰而已。

缺乏價值感及人際交往中的道德掩飾，會使得「濫好人」成為被社會邊緣化的一群（儘管他們本身非常抗拒和排斥這一點），他們在群體及社會中的價值往往也難得到真正的認同。

這類「好脾氣的人」，常常給人的形象反而是——

好脾氣的人常常沒主見。因為脾氣很好的人不善於與人爭辯，不會對別人的看法及觀點提出太多質疑，一旦過度迎合他人，將他人的想法當成標竿，就會變得沒主見，失去自我意識及明辨是非的能力。這種人缺乏自信，一切以他人為主，無法在生活中獨立，更缺乏存在感，面對分歧時，總會以「我錯了」或者「你是對的」為理由，來掩飾自己的不作為。

好脾氣的人比較懦弱。脾氣很好的人多半不習慣與人發生衝突，他們堅持的原則就是「能躲就躲，能讓則讓」，對於任何容易引發紛爭的事情都是避之唯恐不及，這種個性有時候看似明智，但是往往會讓自己變得更加膽小怕事、不敢爭取，甚至當自己的正當權益受損時，也不敢提出異議。更重要的是，這樣的表現會帶給其他人「懦弱」的印象，從而讓對方可以肆無忌憚的發動攻擊。

好脾氣的人缺乏原則性。好脾氣的人表面上容易被人情世故打動，做事往往更具彈性，可是這樣也會導致不良的後果，那就是做事缺乏立場及原則，常常別人說什麼就做什麼，人云亦云，難以堅守最基本的底線。而由於缺乏原則，他們很容易動搖自己的想法，破壞原有的規章制度，也很容易做一些違背初衷的事情，而這一切都會將自己置於更加尷尬的境地。

好脾氣的人缺乏開拓精神。由於傾向於相信別人或是跟隨他人，好脾氣的人相對比較保守，他們害怕自己的想法和別人不同，害怕自己的行為會受到排擠，因此凡事都追求與其他人一致，會跟隨群體的思維，而這樣就阻礙了他們獨立、創新的意識，制約了他們主動去開拓新思維的能力。

好脾氣的人內心脆弱。脾氣很好的人表面上受人歡迎，能夠處理好自己與外界的關係，可是其實內心缺乏安全感，也沒有太多承受壓力和解決問題的能力。為了讓自己看起來更好過一點，他們多半會選擇順從他人，為自己營造一個更加安全的環境。

好脾氣的人缺乏執行力。好脾氣的人由於做事缺乏主見及立場，所以會經常三心二意或是猶豫不決。遇到問題的時候，他們並不會按照自己的意願行事，反而會積極尋求幫助，或者跟從他人的指示行事，所以通常他們能夠接受各種建議，但是也容易被迷惑而缺乏執行力。

好脾氣的人可能還會缺乏魄力、上進心及自我認知的能力……除了以上這些個性缺陷外，其本質都是「喪失自我」。由於他們總是迎合別人的想法，也就顯得自己更加渺小，可有可無。

勇敢準則 ❶

人類社會就跟自然界一樣危機四伏，

同樣充滿殘酷的生存法則。

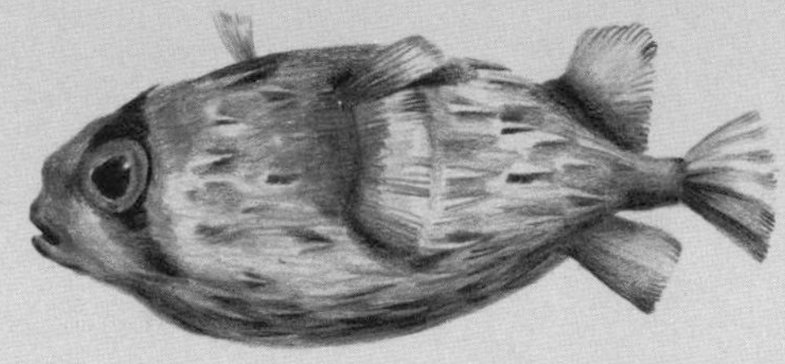

遇到分歧和矛盾的狀況，只要忍一忍就過去了？

真正的和諧應該是雙方各退一步，

任何一方如果只是退讓，只會讓自己越來越被動。

chapter

02

忍讓，不是解決問題的唯一方法

02

06

退讓只是假裝解決問題的姿態

相信你一定聽過，「小不忍則亂大謀」、「退一步海闊天空」這些成功箴言；在傳統中華文化中，「忍」幾乎是成功人士必修的一門課，許多人都是靠著「忍」字獲得成功，而「忍」字也成為許多人為人處世的基本原則之一。

不過許多人對於「忍」存有很大的誤解，認為它是解決問題的良方，可是從實用主義的角度來看，作用還是有限。比如當出現衝突時，忍讓能夠有效避免衝突擴大，但並不總是能夠解決問題。

其實，忍並不是徹底根除矛盾的好方法，因為要真正解決問題，關鍵在於弄清楚造成衝突的原因。就像醫師治病一樣，他們可以給病人止痛藥來緩解疼痛症狀，但是止痛藥並不是治療疾病的良方，因為它無法真正根治病人的疾病。

「忍」就像社交生活中的止痛藥或抑制病情擴散的藥物，目的只是避免（抑制）事態變得更加嚴重，而不是從根本上消除矛盾，也就是說，它的作用只是：先按下暫停鍵，暫緩情形更加惡化，好找出解決問題的狀態。

父母在教訓犯錯的孩子時，可以適當保持寬容的姿態，忍讓孩子的叛逆行為，可是孩子為什麼會犯錯、錯在哪裡，這些問題並不是忍讓就能夠解決，父母的寬容態度也不會有助於「找到問題，解決問題」。

很多時候，大家都忽視了問題的本質，太過於注重表象：產生衝突時就盡量避免衝突擴大；出現分歧及對立，就盡量避免進一步加大分歧及對立；出現敵意就盡量緩解敵意……這些作法都只是針對「現象」做出調整，而沒有考慮背後真正的原因——究竟是什麼導致雙方出現矛盾。

再進一步來說，忍讓只不過是一種姿態，只是避免矛盾衝突被激化的權宜之計，目的是緩和態勢。忍讓可以將雙方的情緒控制在相對穩定的範圍裡，讓彼此在和諧的狀態下進行溝通，雖然這樣有助於解決衝突，但是想要因此解決根本問題卻不夠實際。

因為忍讓的人不會找出引發衝突的根本原因。習慣忍讓的人往往見樹不見林，凡事從表面下手，不會深入了解或分析問題的本質，更不會尋找根本原因。如果矛盾衝突導致了情緒上的波動，他們會把重點放在如何緩和對方的情緒；如果分歧造成爭執，那麼他們的重點就會放在如何消除爭執；如果對立讓雙方產生敵意，他們則會專注在如何消除敵意。一旦情況好轉，看似問題解決了，他們就不再深入分析下去。

再者，忍讓的人缺乏解決問題的好方法。忍讓是一種美德，不過那些把忍讓當成解決問題途徑的人，或許缺乏解決問題的能力，或許找不到解決問題的好方法，為了避免給自己惹上更多麻煩，他們唯一能夠做的，就是透過退讓來消除他人的反感和憤怒。

舉例來說，一些企業的管理人員由於能力有限，自己無法解決問題，也找不到解決問題的合理方法，為了避免受到上級的批評，他們通常只會選擇逆來順受，無論上級提出什麼樣的批評，他們都會「謙卑」的接受，表現得毫無怨言。

最重要是，忍讓的人多半沒有解決問題的意願。那些習慣忍讓的人通常只注意事件會造成什麼嚴重的後果，而不想尋找引發問題的原因，可以說他們大多數時候並不關心問題能否得到解決，只要不會造成失控的結果，那麼一切就是可行的。這種人只關注眼前的形勢變化，只要形勢不會惡化，其他都不重要。

許多人在面對衝突的時候，態度往往比較消極，他們並不會費心尋找根源，也不會想辦法從根源入手解決問題，只要一切都在可控制的範圍內，那麼問題是否能夠獲得解決並不重要。他們沒有解決問題的強烈意願，也不想因此而耗費太多精力，害怕一旦深入根源，反而會給自己增加不必要的麻煩。

從這些分析中可以發現，忍讓的人雖然態度不錯，但是無法有效處理矛盾，本質上並不會消除對方的不滿，也不見得會讓自己成為一個受歡迎的人。因此當一個人不斷忍讓和示弱時，反而容易被他人當成是在掩飾問題，或是只想蒙混過關。

對於想要解決問題的人來說，忍讓只是一種策略，不能過分使用，更不能將其當成擺脫麻煩的唯一出路。或許很多人都存在這樣的僥倖心理：「只要自己忍讓，對方就不會深究，也不會繼續給自己施加壓力，自己就能省下好多麻煩。」——殊不知，如果沒有從根本上解決分歧，問題只是暫時被壓制下來，對於個人來說，威脅和傷害仍舊存在，終有一天還是會突然爆發出來。更何況問題和矛盾始終存在，甚至會越來越嚴重，若是不及時解決就可能會成為一顆不定時炸彈，後果更不堪設想。

07

吃虧不是占便宜，這三種虧更不能吃

大家常常催眠自己「吃虧就是占便宜」，當與外界發生摩擦或者利益糾紛時，為了維持表面上的和諧及平衡，吃虧就成為一種比較溫和有效的處世手段。清朝畫家鄭板橋說：「試看世間會打算的，何曾打算得別人一點，直是算盡自家耳。」他還提出一個「難得糊塗」的觀點，認為做人不妨糊塗一點，偶爾吃點虧也沒關係，不需要什麼事都跟人斤斤計較。

吃虧文化成為成功人士一大重要的哲學思維，也成了許多人處理人際關係的一項準則，但是吃虧文化的流行並不意味著大家就喜歡吃虧，或是可以把吃虧當成人際交往的主要手段，更不代表我們處處都要主動吃虧。

吃虧是一種策略，有一個基本底線，簡單來說，就是吃虧的人應該明確知道什麼虧可以吃，什麼虧不能吃，而不是單純做一個事事都吃虧的濫好人。那麼，一般來說，什麼樣的虧不能吃呢？

第一種，涉及核心利益的虧不能吃。每個人都有自己的利益取向，雖然在某些時候，我們會願意迎合他人的想法，但這並不代表就可以漠視自己的權益。在不那麼重要的事情上做出讓步，是贏得和諧關係的一種方法，但是在涉及核心利益時，就必須放棄吃虧的想法，因為這些權益可能事關自己的生存和發展，或是對大局產生重大影響，一旦做出讓步，就會讓自己陷入絕境。

在過去，濫好人們常常會無原則的迎合別人，或者無底線的保持退讓姿態，當對方想要得到A時，就慷慨的把A送出去，當對方想要獲得B時，又大方的將B讓出去。對於這些濫好人來說，似乎什麼東西都可以讓給別人，也沒有什麼虧吃不起，這種態度往往會讓他們在關鍵時刻失去主導權，喪失競爭優勢，一旦核心利益受損，便會徹底陷入被動局面。

第二種，明顯針對自己的虧不要吃。任何一個群體或者團隊都有其最基本的遊戲規則，這些規則有時會出現分配上的不均衡，就像一個企業的管理者薪資及獎金都會比員工高，這是公司內部的基本制度，很少有人會對這樣的分配提出質疑。但是如果分配結果是，管理者獲得了大部分的利益，其他同事也拿到可觀的分紅，只有你拿最少，考慮到自己在工作中做出的貢獻並不比其他人低，卻拿到最少比例的獎金，這樣的分配很明顯是針對你一個人而來。

一旦群體或者團隊開始出現針對個人的事件，內部分配體系就會崩塌，並且很可能表明這個人已經成了團隊內部的箭靶，或是人人都可以欺負的出氣筒。此時如果還保持著吃虧讓步的態度，就可能會淪為可有可無的邊緣人，自身的權益也會不斷受損。

第三種，被人利用的虧不要吃。在處理人際關係的時候，難免會出現一些行為或想法上的交流，這時候有人可能會獲得更多的利益，而有的人可能會吃虧，這種吃虧有時是為了社交或生存，但有時是被人利用，變成他人手上的一枚棋子，那麼此時的退讓就顯得毫無必要，也完全不值得。

A和B是好朋友，兩人一起競爭主管職位，並且成為最終的兩位候選人。在公司對兩人進行最後的考核之前，A言辭懇切的對B說：「我不希望我們之間的關係因為工作受到影響，所以我準備退出。我會直接寫信給老闆，說明自己不適合擔任這個職務，因此沒有必要再競爭下去。」

B聽了覺得有點不好意思，於是當天晚上就先寫了一封信給老闆，說明自己因為健康原因不適合參與競爭，就這樣，主管職位最後落入A的手裡。

之後的某一天，B無意中得知其實A當初對於主管的職位志在必得，為了消除最後一個競爭對手，才想出一招苦肉計誘導B主動放棄。聽到這件事之後的B憤恨不已，但生米已經煮成熟飯，後悔也來不及了。

生活中，常常會出現這樣的情況，有時候我們覺得自己是好心做出讓步成全別人，卻不知道可能已經中了圈套，落入對方事先挖好的陷阱，因此，面對類似情況時，一定要堅持維護自己的尊嚴和權益，果斷的提出抗議。

一般而言，以上幾種情況的吃虧都要盡量避免，不能表現得太過寬容大度，任由他人排擠或打擊自己，在必要的時候必須勇敢站出來說「不」，並主動維護自己的權益。

08

退一步，未必海闊天空

一家公司準備選擇職員甲及職員乙負責一個新專案，甲是主要負責人，乙是副手，這樣的安排讓先進公司的乙有點不高興。為了避免影響工程進度，給自己帶來不必要的麻煩，甲以個人經驗不足為由，主動提出接受副手的職位，而將主要負責人的角色讓給乙。

這樣的讓步顯示出甲的大度，而公司最終也同意甲的請求，可是乙仍舊沒有釋懷，他不斷在工作中刁難甲，並且多次在背後打小報告，抹黑甲的工作能力和個人形象，最終導致公司將甲調離專案。

社會上類似的故事很多，像是鄰居將狗牽到自己家的草坪來隨地便溺、自己的車位被人占據、在公車上與人發生爭執……有時候一方為了避免事態惡化會主動息事寧人，但是即便如此，也常常難以阻止衝突爆發。

一般來說，當矛盾發生之後，我們所期待的第一種情況是對方先做出妥協，無論是承認錯誤還是主動示弱，都是理想的局面；第二種情況，就是雙方都做出妥協，以和諧的方式解決問題；第三種則是自己主動向對方低頭，當自己退一步，對方也不再計較，雙方的矛盾便得以緩解。

但有一個非常現實的問題是，並非所有人都願意配合對方的讓步。在人際關係中，每一個人都有自己的想法及對利益的追求，這些都會導致他們在處理衝突時出現不同的反應，採取不同的對策。對於退讓的人來說，一開始的被動示弱並不一定能為自己贏得更多主導權，因為有些人可能會趁機進一步施加更大的壓力。

儘管大多數的人都不這麼認為，但有時候過於理性，反而會給自己增添更多麻煩，因為每退一步就意味著自己的空間被壓縮一步。有些人在遇到意見分歧或糾紛時，大腦發送給身體的信號就是「退讓」，雖然這種作法比較穩當，但是並不完全合理，我們不應該過度提倡這種太草率的「善意」，因為當自己做出妥協時，對方可能對此毫不領情。

如果是一個夠聰明的人，在退讓之後一定要注意觀察對方的一舉一動，並針對以下各點進行分析：

- 對方有沒有自覺？
- 對方是不是覺得犯錯的是別人（你）？
- 對方是不是覺得你在害怕，而且認為你的表現不足為慮？
- 對方是不是一個死纏爛打、無理取鬧的人？

「對方有沒有自覺」，看的是對方對自己的行為有什麼想法，很多人在傷害別人或者做錯事的時候，常常抱著無所謂的態度，或者在行動之前就缺乏自制力和基本的道德觀念。因此，別人的寬容和退讓對他們而言並沒有什麼作用，畢竟從一開始他就對自己所做的事毫不在乎。

了解「對方是不是覺得犯錯的是別人」，關係到最基本的價值觀問題，這些傷害他人的人會混淆加害者和受害者的角色定位，他們通常認為自己代表正義，是無辜的受害者，會將彼此之間發生的不愉快全部歸咎到對方身上。而且，如果對方保持妥協的態度，他們可能會繼續顛倒是非。

弄清楚「對方是不是覺得你在害怕，而且認為你的表現不足為慮」同樣很重要，當衝突發生之後，雙方一定都會想辦法評估或猜測對方的想法，如果對方自認為占有極大優勢，能夠在衝突中搶得主導權，就可能會變得更加強勢。此時受到傷害的一方必須拿出更強硬的手段來壓制和震懾對方，而不是選擇妥協和退讓。

要知道「對方是不是一個死纏爛打、無理取鬧的人」，則是對對方人品的評估，一旦看出對方沒有是非觀念及悔過之心，甚至還想要變本加厲，那麼就不要再客氣，一定要做出必要的反擊。

總而言之，當衝突發生時，退讓並不是一個必備的過程，也不是唯一的選擇，正如前面一節所提到的，忍讓只是一種姿態，是在幫衝突場面提供更好的環境，並不能作為解決問題的方法。如果覺得只要退讓就能夠息事寧人，所有問題就能迎刃而解，那麼就把問題想得太簡單了。

心理學家認為，當一個人傷害另外一個人的時候，可能會出現「為個人殘酷行為辯解」的認知過程，他們會產生認知不協調——「我傷害了某個人」（現實處理人際關係的方式）與「我是公正、理智、善良的人」（對自身人格的期許）這兩種矛盾的認知。為了修正這種不協調，他們會給自己一點暗示：「我傷害對方並不是不理智、不公正的行為」，他們甚至會將被傷害的人視為壞人來對待，選擇無視對方的優點而強調缺點。當明明是傷害他人的事件演變成反過來譴責被害者時，被害者的妥協會進一步讓加害者覺得理所當然。

正因為如此，每一個人在處理衝突的時候，都應該先看看這件事是否值得讓步，讓步之後會不會出現一些轉機，不能只是一味的做出讓步。

09

選擇忍耐是因爲懦弱

許多性格較為軟弱的人經常在公司裡被老闆及同事欺負，在社會上也是忍氣吞聲，不敢為自己的權益積極發聲或與人爭執，他們永遠都像是一隻沉默的羔羊。

有人曾對那些性格軟弱的人做過調查，發現很多人在童年或學生時代就遭受到霸凌，長久下來使得他們無法應對生活中的暴力危機，也不懂得如何解決發生在自己身上的問題。

忍讓是一種美德，可是過度忍讓和忍耐往往是懦弱的表現，或許有些人不太贊同這一點，但一些技巧性的退讓經常會模糊了忍耐和懦弱的界限。當忍讓超出主觀意願就會變成懦弱，習慣忍讓的人其實多半都有能力解決身邊的危機、擺脫麻煩，可是性格上的軟弱使得他們選擇不作為，面對威脅和侵犯時，他們通常的表現是沉默不語，並且一再提醒自己「事情過去就好」。

在現實生活中，我們對於忍耐的一些觀點以及教育方式，其實是有漏洞和缺陷的。有時候，接二連三的退讓，不僅會讓人產生「你很無能」的印象，同時也會抹殺自己的自信心。事實上，對那些習慣於退讓和忍耐的人來說，忍耐可能只是在掩飾自己的膽小，是他們逃避衝突和壓力的一種表現。

在一些西方國家，他們的教育並不像日常標榜的那樣「文明」，父母經常會告誡孩子，「如果有人敢一再拿拳頭威脅你，就狠狠踢他們的屁股」。這裡面不僅僅牽涉競爭的問題，父母對子女的訓誡，也顯示出他們注重子女性格的塑造，在這樣的教育模式下，孩子的性格會更加強勢、堅韌、獨立，長大之後危機應變的能力也會更強。

軟弱性格的養成往往是日積月累，當我們害怕某些人或某些事，擔心衝突狀況處理不當會引發更為嚴重的後果時，就會不由自主的退縮，一旦這種行為變成習慣，就會形成懦弱性格。

從這個角度來看，避免產生懦弱性格的關鍵，在於控制和戰勝自己的恐懼心理，我們必須設法克服「我害怕某個人，擔心他會對我不利」，或是「我害怕做某件事，害怕要承擔責任」這樣的恐懼感。

大家多半認為，克服恐懼感是最難做到的一件事，但有時候反而是最簡單的，像是我們可以先畫好一條底線，只要別人踩到或者超越這條線，就要下定決心予以回擊。

有個人因為脾氣很好所以經常被欺負，但他多數時候都能保持忍讓的姿態，不會反抗。有一次，一個遊手好閒的人辱罵他是白痴，還對著他的臉吐口水，這個人忍無可忍，將對方毒打一頓。

旁人很驚訝的問他：「你平常什麼都能忍，為什麼這次卻把對方打得那麼慘？」這個人堅定的回答說：「以前，我忍讓是為了證明自己不是一個難相處的人；現在，我打人是為了證明我不是一個懦夫。」

做人就是要這樣，平時要保持廣闊的胸懷，同時培養強大的反擊能力，也要在應對外界威脅時確立自己的底線，並且明確告訴大家「底線在哪」，一旦被觸犯了底線就會還擊，這是維持自信心的基本準則。儘管社會上通常都不贊成使用強硬的手段，但對於一些忍無可忍的侵犯行為，有時候反擊會比忍讓更能解決問題。

保持忍耐和退讓，是減少自己與社會之間摩擦的有效方法，也是維持人際關係和諧的必要手段，但是這並不表示忍耐無底線，在一些無關痛癢的小事上，我們可以採取退讓姿態，但在一些關乎原則或是生存的重大事件上，就一定要有底線。這種底線還可以規範別人踰矩的次數，平常說的「事不過三」就是有效的警示。

還有一種策略就是把讓步當作討價還價的籌碼，對別人做出讓步後，一定要記得討回來，以此來引導對方做出合理的回應。這就像是談判策略，無論在什麼時候，我們在按照對方的要求做出讓步的同時，一定要再主動索取一些回報。

舉例來說，一個生意人打算向合夥的朋友多調些資金，還希望這筆錢能盡快到位，他選擇直接當面催促：「我們的店面已經裝修好了，開幕日期也確定了，你可以在三天內把錢準備好嗎？不然我沒有多餘的資金進貨。我知道你最近手頭也不方便，但是你能不能先給我一部分，等一、兩個月後賺到錢，就還給你。」

合夥做生意，本來應該是以投資比例來決定掌控權和支配權，這人自己沒錢，只想套取別人的錢來做生意，可是作為合夥人和朋友，如果不給錢就顯得太小氣，給了錢卻又得不到更多的股份和支配權，這顯然是非常吃虧的事。

左右為難之際，這個朋友想到一個辦法，他直接告訴對方：「我非常支持你增資的作法，也願意追加投資，但是有一個要求，那就是我出錢投資後要多得二%的股份，畢竟我追加的錢已經抵得上四%的股份，我現在只拿二%，剩下的二%算是借給你的，怎麼樣？」原本想占便宜籌錢的生意人聽了這番話，也只能無奈的同意。

這種以退為進的策略，其最終的目的是「進」，而「退」只是達成目的的一種方法，透過這種方法，可以有效降低對方抗拒的情緒，又能達成自己的目的。

10

過度包容等於縱容

梁實秋翻譯的《沉思錄》中有這樣一段話：「每日清晨對你自己說：我將要遇到好管閒事的人、忘恩負義的人、狂妄無禮的人、欺騙的人、嫉妒的人、孤傲的人。他們所以如此，乃是因為不能分辨善與惡。但是我，只因已了悟那美麗的『善』的性質，那醜陋的『惡』的性質——那和我很接近的行惡者本身的性質，他不僅與我在血統上同一來源，而且具有同樣的理性與神聖的本質，所以我既不會受他們任何一個的傷害（因為沒人能把我拖累到墮落裡去），亦不會對我的同胞發怒而恨他；我們生來是為合作的，如雙足、兩手、上下眼皮、上下排的牙齒。所以彼此衝突乃是違反自然的，表示反感和厭惡便是衝突。」

《沉思錄》的作者馬可．奧里略（Marcus Aurelius Antoninus）認為，人們應該盡量避免衝突，保持合作的態度。這個思想一直被視為是寬容的最高境界，也是許多人為人處世的不二法門，但是其實大家都誤解了這句話的意思，將寬容理解為「無條件的寬恕和體諒別人」，而這樣的寬容從某種程度上來說就等於是縱容。

這種過分寬容往往包含兩個層面：第一種是管理式的寬容，它的基本形態是管理者對於被管理者的錯誤視而不見，或者不給予必要的懲罰。比如父母的溺愛會導致他們對於孩子犯下的錯誤睜一隻眼、閉一隻眼，讓孩子可以肆無忌憚的犯錯或者做壞事，而通常這種寬容的說辭是「他們年紀還小」。

企業的管理者也會出現管理上的放縱，有些主管對於員工的一些錯誤行為表現既不贊成也不反對，這其實就已經是某種程度的縱容和默許。主管們會有這樣的消極態度，有時候是不想要「多管閒事」，有時候則是認為員工所犯的錯誤稀鬆平常，根本沒有必要「小題大做」，在他們看來，這一切根本沒有什麼。

石先生開了一家化妝品公司，剛創業時，公司發展一帆風順，心情愉快的他對員工的管理也就比較鬆散。他其實並不喜歡員工拍馬屁、百般諂媚，也看不慣這種人，但是看在公司前景大好之下，他並沒有太在意，始終對那些喜歡拍馬屁的員工保持寬容。

後來，石先生因為投資失敗，導致公司瀕臨破產，岌岌可危之下，公司管理不足的問題也被徹底放大，其中拍馬屁的文化就嚴重影響了公司的發展。

他後來回憶：「我不喜歡別人拍馬屁，對愛拍馬屁的人非常反感，原因很簡單：一個有本事、心理健康的人，不會想要藉此獲得重視和提拔，只有那些心術不正、想不勞而獲的人才會來拍馬屁。當年我投資新生意失敗瀕臨破產，公司遭遇到前所未有的困境，因此我下定決心，要趕走那些愛拍馬屁的人。之後我東山再起，就和公司各個部門講明，只要發現誰在拍馬屁就當場罰款一千元，因為拍馬屁會把管理者寵壞。」

第二種過分寬容是道德上的寬容，其基本形態是受到傷害或被攻擊的一方，對於發起攻擊或者犯錯的另一方保持妥協。簡單說，當某人一而再、再而三的被他人侵犯利益時，會選擇包容對方不追究。這樣的人通常不會對別人的過分行為產生太大反應，反而會不斷告誡自己「沒有關係」、「事情都過去了」。

這種寬容會導致自己越來越被動，第一次發生狀況時可能只會輕描淡寫，「他們做的事情不太合理」，並且認為這些事情不值得追究下去；第二次再發生時，會覺得「這些行為造成了一定的傷害」，只是問題還沒那麼嚴重；直到發生第三次時，就會痛苦的發現，對方所做的事情已經讓人感到危機重重。

此外，還有一種寬容屬於社會性的寬容，也就是漠視社會上一些不道德的行為，抱持「事不關己，已不操心」的態度，這樣的人的說辭通常是，「他們也不想這樣做吧」、「習慣就好」，而這樣的寬容態度也關係著社會責任感的問題。

過分寬容會導致犯錯的人失去約束力，而最終受到傷害的，往往就是那些抱著「無所謂」態度的「好心人」。作家李敖說過一段話：「人不能太善良，如果事事太大度和寬容，別人不會感激你，反而會變本加厲。人就應有點脾氣，過分善良會讓自己丟失自己的價值和尊嚴。有句話：人善被人欺，馬善被人騎。凡事適可而止，善良過了頭，就缺少心眼；謙讓過了頭，就成了軟弱。」

為了避免出現縱容他人的情況，我們必須適當表現出自己的強勢，並且想辦法設置一個寬容的底線。其中最重要的，就是應該對錯誤的行為制定相應的懲罰措施，做錯了就懲罰，才能有效減少和制止犯錯行為的出現。

需要注意的是，我們應該從錯誤行為還只是小事情時就開始制止，不能因為對方的錯誤微不足道或是不造成影響就一味包容，因為大錯誤常常就是從小事情開始的。對於小錯誤、小矛盾的包容，會助長犯錯者的氣焰，讓他們形成錯誤的價值觀，久而久之他們會變得更加肆無忌憚。

11

合理捍衛自己的權益

「如果老闆突然減薪五百元，你會找老闆爭取嗎？」

「在百貨公司購物時沒有拿到促銷活動的贈品，你會跟店員要嗎？」

「在與客戶洽談業務時，會因為利潤分配問題而與客戶討價還價嗎？」

「鄰居家的狗一直跑來撞翻你的花盆，你會找鄰居抗議嗎？」

「發現賣菜的小販多收了五塊錢，你會再去菜攤把錢要回來嗎？」

「當團隊每個人都收到了禮物，而你的禮物被其他人偷偷調換了，你會要求換回來嗎？」

以上這些情況在生活和工作中處處可

見，事情發生時大多數人會這樣想：這種雞毛蒜皮的小事、小權益，根本沒必要去計較。正因為一直抱持這種「大度」的想法，對自己權益上的小損失表現得不屑一顧，這無形中助長了有心人貪小便宜和侵犯他人利益的不良行為，還會讓自己在爭取個人權益時變得更加被動。

有個小員工陪老闆去購物，當天賣場裡舉辦促銷活動，只要消費滿五千元就會贈送一個布娃娃、一個精品袋及五張小卡片。老闆當天的花費超過五千元，也領取到了贈品，可是離開賣場後卻發現小卡片只有四張，於是他們又回到賣場，要求拿回第五張小卡片。

店員眼見只是少了一張卡片，便不耐煩的回應說：「我們沒有多餘的卡片了。」此時小員工也陪笑，對老闆說：「只是少了一張卡片而已，我等等去幫你買一盒回來。」沒想到老闆不肯妥協，硬是希望店員補齊卡片，而店員也不想再理會，於是老闆生氣的叫來賣場負責人，才解決了這個問題。

只為了一張贈品小卡片，就把場面鬧得這麼難堪，這讓小員工覺得有些不可思議，開始認為老闆未免太不通人情，還有些小氣。

沒想到老闆走出賣場後，就隨手將小卡片送給路邊的孩子，小員工有些錯愕的看著這一切，此時老闆說道：「這是我應該得到的東西，除非是我自己不想要，否則我就有權利提出要求，而對方也有義務將東西給我。」

老闆對一臉不解的小員工強調，「也許你覺得一張卡片根本不值得計較，如果你總是這樣想，那麼一開始他們會拿走你一張卡片，接著會拿走屬於你的茶杯、電視，然後是你的工作，而你也會在不斷的『無所謂』中放棄更多原本屬於自己的東西。」

人們通常只關注切身的大利益，對於一些小事情並不那麼關心，而且會覺得當自己的權益受到損害時，對方最好能夠自覺的意識到這一點，這樣就可以不傷和氣。因此他們會想辦法給對方一點暗示，或者乾脆等對方自己發現問題。由於拉不下臉，擔心自己主動提出要求會傷害關係，或者影響自己的形象，於是對其他人的侵犯行為睜一隻眼、閉一隻眼，最後事情往往得不到妥善的處理。

從自我保護的角度來說，任何一種切身利益都值得維護，無論大小，只要遭受到侵犯和損害，受害者就有權利去要求爭取。我們必須建立起這樣的觀念才是對自己負責，如果糾結於自己這樣做會不會得罪別人、那樣做會不會顯得太小氣、沒風度，最後反而會成為那個最吃虧的人。

在尋求自我保護這一方面，我們應當表現出自己的一點「脾氣」，對那些危害或者侵犯自身利益的行為大膽說「不」，在必要的時候甚至還應該堅決做出反擊。

在日常生活中，「有脾氣」的人往往心直口快、言詞犀利，感覺很容易得罪人，但同時也最容易獲得成功，因為他們會和客戶討價還價，知道如何對一些「不利自己的事情」說不，懂得防禦和反擊那些傷害自己的人，並且替自己爭取應得的利益，而維護自己的權益就是在自我保護和自我追求。

這些人通常都能夠為自身的正當權益而努力，對他們來說，人際關係和利益是兩回事，儘管良好的關係可以為獲利奠定基礎，但是兩者之間仍有所區別。表面上，良好的關係並不見得每次都能幫助個人贏得利益，而個人權益的獲得也不全都是依賴於關係的維護，如果過分看重人際關係，那麼個人的利益會受到損害。有脾氣的人會清楚的將兩者區別開來，對他們來說，建立良好的關係非常必要，但是對於個人利益的維護也同樣堅決。

當然，要捍衛權益並不意味著凡事錙銖必較，但只要這個權益合理，而且是我們應得的，就不需要有太多顧慮，也沒有理由保持一副「濫好人」的樣子。如果在分配利益時有人破壞公平原則，或者違反雙方關於利益的約定，我們就應該表現出堅定的決心，該提出抗議時就要果斷的發出聲音，該反擊時就要積極採取行動。

勇敢準則 ❷

退讓只能是一種姿態、一種策略。

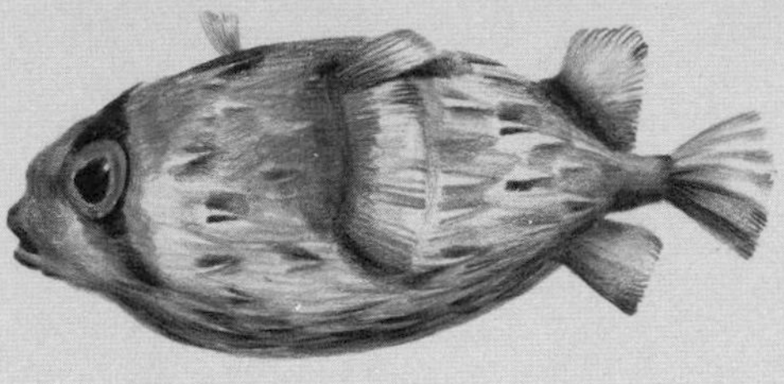

盲目的迎合他人會導致自己失去判斷力、

失去自我定位，

所以每一個人都要努力做自己。

chapter

03

勇敢做自己，
不要總是迎合別人

03

12

做自己才能贏得尊重

在心理學中，有個大家耳熟能詳的專有名詞：潛意識。在潛意識中，人們可以按照自己的期望去生活，可以變成某種人，或者自由的去做某些事，甚至每個人都可以擁有超能力、巨大的財富。

在潛意識中，人的想法最是真實，每個人要想做什麼就一定會產生類似的想法，無法造假或稍加掩飾，比如在夢中，個人意願會肆無忌憚的釋放出來，幾乎沒有人會在夢中這樣告訴自己：「不行，我不能這麼做，我還要考慮其他人的情緒。」夢裡的人總是按照自己的意願去活，會呈現出自己最真實的情感，而且對自己充滿信心，不會自我懷疑。

除了做夢，心理學家也會對一些心理疾病的患者進行催眠治療，讓對方將潛意識中的想法全部展現出來。潛意識代表了個人最真實的想法和需求，在潛意識裡的自己，往往具有更多真實的東西。但人們是否願意像潛意識中所表現出來的那樣去生活呢？這裡涉及另一個概念：意識。

與潛意識相對應的「意識」，我們可以簡單的理解成，它是現實生活的一種感知及反應，是可以進行推理和選擇的。比如當我們從夢中醒來並回歸現實時，很多事情會變得身不由己、被現實環境所左右而需要遮遮掩掩，我們的一言一行都可能是在刻意隱藏和偽裝，這麼做的目的通常就是在迎合別人的眼光，塑造他人眼中的完美形象。

在意識之下，很少有人能從容的做自己，因為有各種壓力讓我們不敢做自己想做的事，害怕表現出自己的真實形象及性格，也害怕做決策。我們總是在環顧四周，看看自己適合成為什麼樣的人，或者在揣測「別人希望我成為什麼樣的人」，這種屈從和身不由己的好脾氣往往會剝奪個人的自主權。

許多人會懊悔「我不應該做業務，我不喜歡打擾別人」，或是「我果然不適合做管理職，我不知道怎麼管理別人，我只想做好自己的事，而不是去管人」。當我們又在抱怨自己與工作格格不入的時候，或許更應該想的是：當初為什麼要聽從別人的勸告，沒有堅定自己立場的否定對方想法，而要將命運放在他人手中？

苛刻的成功者總是一再強調：「命運尊重那些獨立自主的人。」但真正能做到的人寥寥無幾，很多時候我們都是怯懦的隱藏自己，按照別人的意願生活，遵循別人的指示去做事，而這樣的人從一開始就已經失去了其他人的尊重。

說起彼得．巴菲特（Peter Buffett），這個名字可能許多人覺得陌生，但說起他的父親華倫．巴菲特（Warren Edward Buffett），可能無人不知、無人不曉。作為世界上最著名的「股神」，華倫．巴菲特在幾十年的投資生涯中，積累了幾百億美元的財富，建立一個龐大的商業帝國。若是按照傳統的家庭教育模式，巴菲特應該讓自己的子女進入公司打理生意，或者安排他們掌管自己的事業。

實際上，華倫．巴菲特也這麼想過，但是孩子們似乎都有自己的主見，其中彼得從事音樂創作工作；他的哥哥霍華德（Howard）是名農場主人，每日和牛羊、玉米、馬鈴薯打交道；姊姊蘇珊（Susan）則是一個全職的家庭主婦。幾個兄弟姊妹都沒有像其他富豪家庭一樣，跟隨父親的腳步或者按照父親的意願從商，他們都拒絕命運的安排，而是勇敢的選擇自己喜歡做的事情。

彼得曾寫過一本書《做你自己》（*Life Is What You Make It*），提到「富有的家長為子女鋪路時，最常採用的方式就是讓他們加入家族企業，或引導他們進入長輩的成功領域」。投資人不斷勸說彼得，希望他能進入父親的公司，然後安安穩穩的繼承家業，那樣就可以比其他人更早踏上成功之路。一些同事也認為彼得似乎有些死腦筋，畢竟他擁有得天獨厚的優勢，只要他願意，就能夠擁有富可敵國的財富。

大家的好意，一度讓彼得承受極大的壓力，於是他提出一連串的問題反思，像是：「這些表面的善意到底扮演著什麼樣的角色？」「這是兒子的夢想，還是父親的權威和對繼承問題的考慮？」彼得認為任何人都不應該盲目服從他人的安排，否則一輩子的夢想都會就此摧毀。

面對外界的質疑，彼得曾經坦言：「事實上，我和父親做的是一樣的事情——我們都在做自己熱愛的事。」雖然相較於父親的成就，彼得的工作似乎微不足道，但事實上彼得卻比任何人都更快樂，也在自己的能力和工作範圍內獲得成功，得到其他人的尊重。

至於外在的批評指教，都不重要。

「勇敢做自己」，這是每一個人都要面對的基本問題，它關係著個人的自主權與責任感。如果將「做自己」進行剖析，可以分成三大類：成為什麼樣的人、希望做什麼、希望怎麼做。

簡單來說就是「我是誰」、「我要做什麼」以及「我該怎麼做」。

「我是誰」是社會角色問題，其矛盾的地方在於，我們想要成為自己原本的樣子，還是別人眼中的人。在現實生活中，多數人都戴著面具生活，不同的面具代表了不同的身分，但面具背後則是對於社會、環境、妥協及個人身分的迷失。

「我要做什麼」關乎個人職業，其矛盾點在於：我們有沒有權利選擇自己想做的事情，又願不願意做出選擇。在日常生活中，不少人總是感慨自己有很多喜歡做的事沒有做，因為老闆、朋友、家人……總在旁邊提醒我們應該做什麼，而我們也只會一味的妥協與退讓。

「我該怎麼做」代表了能力的認知，而很多人都欠缺這種認知，他們對自己的能力和選擇缺乏信心，即便真的想到了什麼好計畫或創意，最終也會因為軟弱的個性而屈從於別人的安排。

生活中隨處可以見到「脾氣很好」的濫好人，他們一直都在試圖緩和自己與別人的關係，逃避與別人產生衝突，但是太好的脾氣也磨掉了自己的稜角，失去存在感。無論是誰，想要贏得尊重就必須先弄清楚「我是誰」、「我要做什麼」、「我該怎麼做」這三個問題，這是找回自己最基本的方法。

正如美國作家愛默生（Ralph Waldo Emerson）所說：「愚蠢的妥協調和是小人的伎倆，它為渺小的政治家、哲學家和神學家所崇拜。我們今天應該真實的說出今天的想法，明天則應真實的說出明天的意見，即使它與今日之見截然相悖，『哎呀，這樣你一定會被誤解的！』難道被誤解是如此不足取嗎？畢達哥拉斯就曾被誤解，還有蘇格拉底、路德、哥白尼、伽利略、牛頓，古今每一個有血有肉的智慧精靈，他們有誰未被誤解過？想要成為偉人，就不可避免的要遭受誤解。」

「人往往懦弱而愛抱歉：他不敢直說『我想』、『我是』，而是援引一些聖人智者的話語；面對一片葉子或一朵玫瑰，他也會抱愧負疚。他或為嚮往所誤，或為追憶所累；其實，美德與生命力之由來，了無規則，殊不可知；你何必窺人軌轍，看人模樣，聽人命令——你的行為，你的思想、品格應全然新異。」

13

做一個堅守原則的人

美國著名管理學大師史蒂芬・柯維（Stephen R. Covey）在《與幸福有約》（*The 7 Habits of Highly Effective Families*）一書中這樣寫道：「我們的安全感不像其他以人或事為基礎的系統，會受制於頻繁的變動，我們了解正確的原則是永恆不變的，因此我們大可放心的仰賴它。」

「原則不會對事情反應，不會亂發脾氣，不會以多重標準對待我們，不會跟我們離婚或與我們最好的朋友私奔，不會抓我們的把柄……原則是深遠而根本的真理，是正統的事實，是緊密交織著正確、一致、美德和力量的尼龍繩，貫穿著你我的生命結構。」

對於信守原則的人來說，他們不會輕易為別人大開方便之門，也不會為了個人利益或者人際關係而違背準則，但仍然有不少人會在原則面前游移不定，一旦別人違反了自己的原則，他們會如何看待這些事呢？一位部門主管這樣說道：「我想要盡可能的保持同樣的做事風格，希望所有人都可以按照規定來辦事，但是我知道這很難辦到，無論是要求別人做事，還是別人要求你做事，原則都是脆弱的。」

一位專業經理人這樣說：「每個人從一開始都會給自己制定標準，明確規定什麼事該做，什麼事不該做。不過對於多數人來說，一旦事情產生變化，別人就可以輕易讓他們改變原則，或者說他們自己很快就會對原則做出調整。」

原則有時候看起來最穩定，但是對於一些「濫好人」來說，卻反而是最脆弱的。我們可以先設想一下「濫好人」的形象：怕得罪朋友、影響人緣、立場不堅定。怕堅持原則會得罪老闆，進而影響自己升職加薪；也不敢得罪各部門主管，害怕會被疏遠孤立、傷了和氣。他們在推動部門業務時，對於明顯存在的問題總是避重就輕，發現不良現象時也會睜一隻眼、閉一隻眼，袒護下屬。總是明哲保身、不講原則、缺乏正氣。

大家都認為不得罪任何人就是最好的處世之道，但事實上正好相反，一個不講原則、對誰都說好的人，往往難以找到一個穩定的立足點，就像接下來的例子。

李力是個非常自律的人，他的自我管理能力非常強，無論做什麼事情都很注重原則性，並且絕不會輕易動搖。他的原則性不僅僅是在工作上，即便是生活中，也不會輕易改變原則，甚至不惜得罪他人。

有一次，天氣很熱，他和幾個朋友相約要去酒吧喝杯冰啤酒，沒想到，吧台拿出來的啤酒不是冰的，李力見狀之後馬上翻臉，非常嚴肅的對店員說：「如果店裡沒有冰啤酒，你應該告訴我，如果你是為了哄我們進來消費，那是欺騙，我不喝了！」說完這句話，就臭著一張臉走出酒吧，朋友們都拉不住。

還有一次，一個生意夥伴想拿到李力公司的專案，不過李力審查過資料後發現，對方根本沒有能力承接這個案子，於是拒絕對方的請求。眼見李力不賣人情給自己，這個生意夥伴很焦慮，為了不影響公司業績，他不僅主動找上門甚至還下跪請求幫忙。

一般人面對這樣的情形一定早就心軟，可是李力卻堅決不願違背自己的原則及公司規定，毅然決然的拒絕了對方。這個生意夥伴見到老朋友如此「冷酷」，終於翻臉，而李力對此也毫不後悔。

也許很多人會認為李力脾氣不好，不懂得人情世故，但實際上李力是一個好相處的人，只不過他的「好相處」是建立在不違反原則的基礎上，而任何違背原則的事情，他都不會妥協。

王謙是一家大企業總裁，也是一個講原則的人，他在創業初期就明確告訴下屬：「我從來不會因為利益而改變自己，也不希望你們會因為利益或壓力，而放棄自己的做事原則，每個人都會在工作中遇到困難及各種挑戰，但我們不應該輕易退縮和妥協，更不能違背自己的原則，即使是可能會失去工作或是收掉自己的公司，都要堅持原則至上的態度。」

某一年端午，王謙在公司裡舉辦了端午節活動，當時有三個程式設計師偷偷寫了一個作弊小程式，在活動中，利用這個程式多領走十盒粽子和一些小禮品。

王謙發現這件事後，直接裁示：參與作弊多領粽子及禮品的員工，當天下班前就必須離開公司，一概辭退。很多人認為這有些小題大做，畢竟公司舉辦端午節活動本來就是為了犒賞員工，而且區區幾盒粽子及幾個小禮品根本不值多少錢，沒有必要把事情搞大。可是王謙卻認為，這種作弊行為已經嚴重觸犯自己的底線和原則，因此必須嚴懲。

對於那些立場堅定的人來說，他們不容許任何違反原則和規定的情況出現，考慮到現今的人際關係策略，儘管他們的動怒顯得有些不近人情，容易被人視為鐵石心腸、不懂變通、教條主義，但能夠堅持原則，不受到外界所動搖，真的是非常難能可貴。

14

順從自己心裡的聲音

K出身醫師世家，家境非常優渥，父親一直期待他能夠成為一個令人尊敬的醫師，因此從小培養他，希望他選讀醫學院。不過對K來說，他真正感興趣的是美術，也很有美術天分，整個高中階段他都一直背著父親偷偷跟著美術老師學習。至於醫學，他根本不感興趣。

正因為如此，K一直沒有將父親的話放在心上，反而一直試圖往美術方面發展。在準備填寫大學志願的時候，父親再次找K談心，想要改變他的意願，選擇自己期待的醫學院，向來對父親言聽計從的他，這一次不再配合父親的安排，決定按照自己的意願選填美術系，因為他不希望放棄自己真正喜歡和擅長的事。

那一天，父親聯合家中其他成員一起勸說K，希望兒子能夠去念第一志願的醫學院，考慮到兒子預估的成績已經遠超過錄取分數，父親還特意找來自己的老同學，也是這所學校的副校長，希望對方以後可以多關照兒子。父親所做的這一切都讓K更加為難，但是即便如此，他還是選擇對父親說「不」。

除了來自家裡的壓力，其實K的一些朋友也反對他念美術，畢竟相較於美術，醫學的實用性更強，不用擔心找不到工作，社經地位高，還可以拯救更多人的病痛，而且現實一點來看，學美術的人多半不容易找到工作，更何況當醫師的收入比畫畫高多了。

K其實老早就想過這些問題，可是對他來說，學習美術、從事美術工作都會讓自己更有成就感，而且他的專業才能早已贏得許多業界畫家的認可，沒有理由要放棄。K聽從自己內心的聲音，最終仍然堅持己見，選擇了最感興趣的美術專業，而他的堅定及執著果然讓他成了有名的畫家，更在知名博物館舉辦了多次美術展覽。

有調查顯示，許多優秀的人都具有類似的氣質，他們會在很多時候一意孤行，而這種一意孤行的作法正是自信的表現。他們不是「偏執狂」，也不會盲目的冥頑不靈，而是對自己有把握的事物保持必要的信心及堅定的立場，為了排除外在的干擾，他們不得不變得更有主見、更有個性。

一個有趣的現實是，真理永遠掌控在少數人手中，大眾有可能會產生更寬泛的思路，但是只有少數精英才能真正了解到問題的本質。法國社會學家古斯塔夫·勒龐（Gustave Le Bon）曾經在《烏合之眾：大眾心理研究》（*The Crowd A Study of the Popular Mind*）中這樣說道：

「人一到群體中，智商就嚴重降低，為了獲得認同，個體願意拋棄是非，用智商去換取那份讓人倍感安全的歸屬感。」

「群眾沒有真正渴求過真理，面對那些不合口味的證據，他們會充耳不聞……凡是能向他們提供幻覺的，都可以輕易成為他們的主人；凡是讓他們幻滅的，都會成為他們的犧牲品。」

「孤立的個人具有主宰自己反應行為的能力，群體則缺乏這種能力。」

「首先是每一個人個性的消失，其次是他們的感情與思想都在關注同一件事。只接受暗示的力量影響，對一切明確的告誡置若罔聞，像一個睡著的人，理性已被拋諸腦後，當時間做完其創造性工作之後，便開始了破壞的過程。」

在古斯塔夫．勒龐看來，群體性的探討往往會導致盲目，這種盲目具有傳染力，而個人如果能夠進行獨立思考，就能夠更加理性的進行分析，個人會對所要探討的問題進行歸類、自省及參照，然後產生更多的邏輯思維。

也就是說，人們通常需要懂得傾聽和尊重其他人的想法，尊重民主的溝通程序，但是在某些關鍵問題上，反而必須牢牢掌握自主權，自己去做出決定，而不是盲目的聽從別人的意見。有些成功人士或多或少都帶有一些獨斷專行的特質，但這並不表示他們缺乏民主精神，只是在關鍵時刻他們更願意相信自己的判斷。

儘管做事一意孤行很容易讓人覺得討厭，但有時候卻很必要，為了實踐自己的意志，我們有時候必須糾正好脾氣，展示出強硬的一面，因為優柔寡斷、迎合他人都可能導致優秀的想法被埋沒，最終受到損害的還是自己。因此，如果一個人有信心、有把握，且認定了自己的想法是正確的，就不要輕易退縮或是委曲求全，而應該大膽表達自己的想法，並且表現得更加強勢一些，對於掌握真理的人來說，一意孤行反而會讓自己更有魅力。

英國作家馬克斯・巴金漢（Marcus Buckingham）在《發現我的天才：打開34個天賦的禮物》（*Now, Discover Your Strengths*）一書中提到這一段話：

正如史丹佛大學國際關係研究院資深研究員、日裔美籍政治學者法蘭西斯・福山（Francis Fukuyama）在《歷史之終結與最後一人》（The End of History and the Last Man）一書中所述，自古以來，許多最睿智的思想家都認為，「希望被別人尊為不同凡響的傑出人士」是人類的本性。「柏拉圖講到氣魄（thymos）或『精神』；馬基維利（Machiavelli）講到人對榮耀的渴望；湯瑪斯・霍布斯（Thomas Hobbes）講到人的驕傲和自負；盧梭（Rousseau）講到人的虛榮心（amour-propre）；亞歷山大・漢彌爾頓（Alexander Hamilton）講到人對功名的熱愛；詹姆斯・麥迪遜（James Madison）講到人的野心；黑格爾（Hegel）講到認可；尼采則把人描畫成『長著紅臉蛋的野獸』。」這些思想家並不是說我們都是自我中心主義者，他們只不過想表明，我們每個人都打從心底渴望被別人視為值得尊敬的人；而且這種願望極為強烈，以至於我們願意冒著死亡或傷殘的危險去實現它。

我們大多數人不需要黑格爾、尼采或柏拉圖來說服我們，而能憑直覺感受到這一點。在我們的所有人際交往中，從球場上的爭吵到反抗壓迫這一人類最崇高的抗爭，我們都聽到道德權威的聲音在說：「給我做人應有的尊嚴。」

因此，不論對誰而言，相信自我以及堅持己見的個性，都正是贏得他人認同的關鍵，而這也是表現個人尊嚴的絕佳方式。

15

在分歧面前更要有自信

我們每個人都會下意識的保護自我價值，這是自己對自身價值的心理支持，為了防止別人貶損或否定自己的觀點。一般來說，自我價值通常是透過別人的評價來確立的，即是「別人眼中的我是什麼樣子，我就是什麼樣子」，這樣一來就會導致我們非常在意別人的看法或評價。一旦有人不同意自己的看法，或是提出不同的意見，我們自然會和對方對立起來，並且想盡辦法為自己的觀點辯護。

可是對一些好脾氣的人來說，他們非常擔心不同的立場會導致人際關係的破裂，所以當出現分歧的時候，自我價值保護原則的作用會變得非常小。他們會抑制這種辯解的衝動，以確保自己不會對他人的評價、理念、想法產生太多質疑。

像是有的人會極力宣揚自己的主張，可是當有反對的聲音時，可能又會臨時改變自己的立場；有的人則是在與人爭論某個話題時，常常容易被對方說服，或者直接屈從於對方，這會讓他們陷入被動狀態。最常見的屈從包括以下幾個方面：

第一種和尊重有關。出於尊重別人的心理，我們在面對分歧時可能會這樣提醒自己：每個團隊都有不同類型的人，任何一次討論也都可能出現不同的聲音，忽略這些所謂的「異類」很有可能會影響自己的形象，讓彼此之間的關係變得糟糕，因此應該多給別人表達的機會。

這是對不同看法的一種尊重，但是尊重並不意味著屈從，在尊重他人意見的同時堅定自由的表達自己的看法，兩者並不矛盾。而且從另外一個方面來說，勇敢而真誠的表達自己的想法，反而才是對對方最大的尊重。

第二種和自我懷疑有關。在沒有絕對把握的情況下說服對方時，我們很容易陷入自我懷疑，並且擔心一旦無法成功打動對方，將會讓自己陷入尷尬的境地，為了保險起見，大家多半選擇提前做出妥協，迎合對方的觀點。

一家調查公司曾對摩根大通、奇異（GE）、IBM等數十家跨國公司進行調查，發現受訪者中有至少一半的人在面對他人提出不同意見時感到困惑和猶豫，他們會動搖自己的信心，認為自己可能真的出錯了。

第三種和糾紛有關。很多人會習慣性的尋求共識，認為衝突和摩擦有害無益，當分歧出現時，為了避免引起糾紛甚至惹禍上身，他們會採取更溫和的態度來面對對方，只要能不讓分歧演變成爭吵，他們會選擇忍讓和妥協。這時候他們會想辦法大事化小、小事化無，思考「我該如何向他們靠攏」，為了防止發生對抗，他們可以輕易推翻自己的觀點。

這些溫和派在意識到自己可能得罪其他人時，會選擇保持沉默或者直接避開爭論，並積極討論建立某種共識的可能性，必要時甚至可以立刻轉變態度，心甘情願的迎合別人的觀點。

當然，這種一團和氣並不見得都是好事，至少很多管理者不願意見到這種景象，畢竟任何一個團隊都可能需要一條活蹦亂跳、到處亂竄的鯰魚來刺激士氣，否則就會變得死氣沉沉毫無競爭力。

第四種和直覺體驗有關。我們很容易憑藉直覺與人打交道，幾乎每個人都認定自己有合得來及合不來的人，這通常會導致我們在與自己立場不一致的人面前，表現得不自然，而這種不自然會削弱自信心，打亂自己原有的節奏。最常見到的狀況是，他們會變得「害羞」和「不習慣」，這會讓他們喪失原有的優勢。

最後一種是取悅因素，有些人懷疑自己的表現不夠好，還不足以讓對方將自己排在第一或第二順位，為了確保自己在他人心目中能夠擁有「優先位置」，他們會做出進一步的退讓和犧牲。

如果深入分析這幾種想法，就會發現心理因素會讓我們自信不足，無法強化和堅定自己的立場，且不能按照意願行事。這意味著自己辛苦制定的方案可以輕易就被否定和放棄，發言權及選擇權也會進一步被削弱，自己的選擇將會變得無足輕重，主導權拱手讓人。這一點在生活中經常發生，那些迎合他人的人往往會逐漸被邊緣化。

一個人是否有自信，有時會決定他將在生活或工作中扮演什麼角色，不過多數人可能都沒有意識到這一點，事實上，他們也並不了解自己的能力及別人的水平在什麼位置，只是簡單察言觀色後，就認定是自己不足而已。

很顯然，我們由於習慣性想要讓自己遠離麻煩而削弱了自信心，在這種情況下，認同自我就變得很冒險，但多數時候這種認同是非常必要的，這是定位並認可自己的一種重要方式。因此不要放棄與人爭辯的機會，就算自己可能是錯的也要抬頭挺胸，給自己一些信心，表達自己的意見。

英國劇作家蕭伯納的口才原先並不好，即使如此他依然信心十足的與人爭辯，並在大眾面前發表演說，就算人們不斷取笑、質疑他，他仍然毫不因此而感到自卑或者妥協。他曾這樣回憶：「我是以自己學會溜冰的方法來做的——我固執的、拚命的讓自己出糗，直到我習以為常。」

爭辯和討論的走向並非總是向著我們這一方，也不是每一個人的觀點都是真知灼見，但是在試圖與人溝通交流的時候，應該表現出來的氣勢是不可或缺的，我們可以在談判中被人說服，但不能在談判前就棄械投降。

所以，無論結果是否對自己有利，在出現分歧的時候，最好的方式就是大聲說出自己的觀點，以自信的口吻去面對他人，在必要的時候還可以賭氣一下，適當展現出自己的目標、權益和信念，這樣做或許能夠贏得更多機會。

16

學會拒絕才不會拖垮人生

有人會把「做好人」當成責任，而這個奇特的責任意識會促使他們在心理上認定自己應該負全責，無論對方提出什麼要求、做了什麼不好的事情，他們都會選擇無條件接受，並且認為自己的名聲就建立在這份責任感上。在某些時候他們會很有自覺，而別人也會認定這些人說到做到，可是這種樂善好施往往讓人力不從心。

很多知名的NBA球員都擁有一張千萬美元的大合約，即便是一些板凳球員每年也能拿到幾十萬到幾百萬美元的薪資。這麼多錢對於一般人來說，根本是天文數字，已經足夠生活，但諷刺的是，多半NBA球員在退役後面臨破產，大家甚至都無法想像，這麼多的錢究竟去了哪裡？

上夜店、買豪宅名車及各種奢侈品、投資等等，但另外還有一個原因也很致命，那就是有些人對朋友過度的重義氣與大方。尤其有些NBA球員來自貧民窟，欠缺理財知識，對朋友幾乎有求必應，揮霍無度的結果，再多資產最終也是一場空。

很多人會將「有求必應」當作重要的人格表現，大度、心軟、富有同情心是他們的標準配備。這些人有一個很明顯的特點，那就是非常渴望擴大自己的交友圈，總是希望與更多人交朋友，處處避免被排擠在外，因此無論什麼樣的人找上門提出要求，他們都來者不拒。

由於不希望有人受到傷害，或是因為某一件事而破壞彼此之間的和諧關係，他們多數時候都在扮演大善人的角色，一旦有人求助，就會表現出義氣風範。雖然分享是有必要的，但並不是就應該無條件接受他人的剝削，很多時候無原則、無條件的幫助他人反而是在踐踏自尊，因為這是在肆意的增加自己的負擔。

還有一些人則是因為不知道該如何擺脫麻煩，他們對於親友接二連三的請託，甚至是一些無理的要求早就感到無比厭煩，但問題在於他們並不想把關係弄得太糟糕，或是礙於情面不好意思直接開口拒絕。有時候他們會給出一些暗示，像是委婉的推託：「我有時間的話就幫你看看」、「我現在有點忙」、「你說的這些東西我也不太懂」，一些人則是乾脆保持沉默。

「沒時間」、「忙」、「不太懂」或假裝沉默都是一種暗示，不過對方可能沒有聽出來，也可能根本故意假裝聽不懂。面對這種死皮賴臉的糾纏，如果不採取強硬一點的措施，可能會一直都無法擺脫麻煩。

通常在一些比較重大或違背原則，或是可能會害自己惹上大麻煩的事情上，如果不想幫忙，就一定要鄭重的予以回絕，而且強硬不僅要表現在態度上，也需要顯示在每一句話的內容裡，拒絕的口氣一定要堅定、強烈，甚至可以帶一點批評的語氣，像是：

「這件事情你不能這樣處理。」

「不行，雖然我們是朋友，但這是原則問題。」

「這件事的風險太大，我不想蹚這個渾水。」

「這件事我辦不到，你找別人幫忙吧。」

「對不起，你的要求太過分了，我無法做到。」

「這件事不是要不要幫你的問題，而是我根本無從幫起。」

上面幾種說法雖然聽起來有些不近人情，但在一些麻煩的情況下，由於直接、簡單，往往能省下不少力。

此外，一些日常生活中的瑣事也經常讓人頭痛，在面對這些瑣事的時候，拒絕的壓力可能更大。比如有鄰居是單身漢，不懂得照顧自己的生活起居，連基本的生活用品也不齊全，經常上門來借糖、借鹽、借鍋子，次數一多難免讓人不想再借。又比如有同事總是在上班時間跑來請求幫忙，一下子要幫他整理表格，一下子又要幫他做會議記錄，一下子檔案列印出問題，即便這些原本都是簡單的事，但是接二連三的小事就會打亂自己的工作節奏。

無論是對發出請求的人還是接收資訊的人來說，以上這些都不過是一些生活和工作上的小事，但這些小事容易積少成多，如果不能以堅定態度痛快拒絕，小事情也會沒完沒了。

為了杜絕無休止的糾纏，我們必須學會快刀斬亂麻，直接打醒對方：「這個月我已經幫你第三次了，你不能每次做不完就找我幫忙，這次是我最後一次幫你了」、「這些事情並不難，你完全可以自己解決」、「如果我有時間，幫你一下還可以，但是現在我真的沒空」。

小張是一家跨國公司的員工，在公司工作多年的他一直都是公認的好人，只要別人有要求他都會幫忙，所以他經常在完成自己分內的工作後，又再加班幫同事做事。上司經常誇讚他的工作能力，就連不同部門的同事都對他印象非常好，但是即便他在公司裡已經是超級老鳥，卻仍然只是一個小主任，幾個當初和他同期進公司的同事，有的已經升為部門經理甚至部門總監，只有他看起來最沒前途。

不僅如此，小張還對自己的親戚朋友非常友好，只要他們有什麼要求就一定會全力幫忙，正因為如此，大家都喜歡找他借錢，有借不還更是常有的事。眼看其他同事都已經買房買車，只有他還一直在偏遠的郊區租房子住，而且隨著房價不斷攀升，他也意識到自己買房的希望越來越難實現。

那些樂於助人且不知道如何拒絕的人，可能都遇過小張這樣的窘境，他們本性善良，但個人世界已經被嚴重透支，隨時都有「破產」的危險，而這種危險更可能會讓他們在人生的道路上舉步維艱。

因此，對於那些樂善好施的人來說，需要明白三點：第一，個人的時間、精力、財富都是有限的，不可能事事都為別人考慮；第二，每一個人都有自己的生活和工作，任何幫助他人的行為，都必須建立在能力所及且不會影響到自己生活和工作的基礎上；第三，伸出援手是有限度的，不要滿足他人無止境的要求，以免讓對方對自己產生過度依賴的心理。要知道，毫無原則的幫助別人，只會給自己招致更多的麻煩。

勇敢準則 ❸

從容做自己，才能真正贏得尊重。

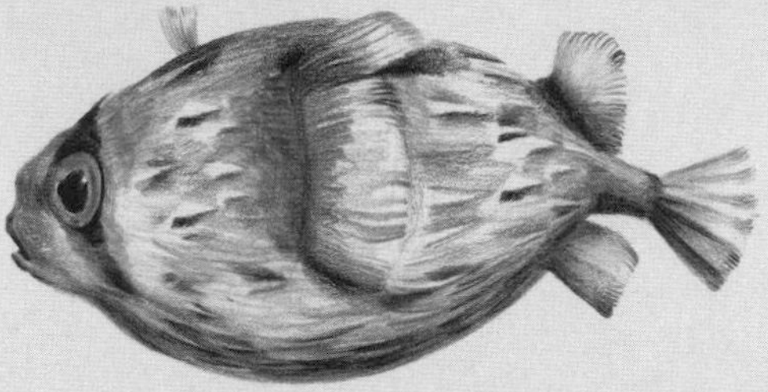

真正內心強大的人會時刻約束自己和他人的行為，

會懂得給身邊人施加更大的壓力和助力，

確保大家隨時處於待命狀態。

chapter

04

真正的強者
嚴以待人，嚴以律己

04

17

強大的人都需要一點脾氣

很多故事中，都會把「好脾氣」當作成功的基本原則來看待，在這些作品裡，個人的忍耐、包容、退讓、示弱、吃虧都會被視為美德或策略，脾氣越好的人似乎越容易獲得成功。但是在現實中，如果一個人的脾氣太好，反而會遭遇到各種尷尬，處處受制於人，也就難以獲得太多成功的機會。

如果仔細研究那些知名的成功人士，就會發現他們多半都不會表現得太溫和，或是展現出過分妥協與迎合的特質，他們之所以成功，並非因為事事妥協讓步，或是沒有任何脾氣，反而在於他們懂得掌握好脾氣的尺度。

牛頓便是一個非常嚴格的天才，他常常一頭栽進工作裡，對於工作的專注讓他顯得有些固執。牛頓也非常喜歡當眾發表演說，而且就算聽眾不感興趣、起身離開，他也毫不在意，仍然會對著空氣一直講下去。但正是這份固執，使得他在物理學及數學領域都有很大的成就。

畢業於名校的陸先生，是個脾氣不太好的建築師，他非常熱中於和同事「爭辯」，只要是和工作有關的事情，他都會表現出非常嚴謹積極的態度。

二〇〇九年時，上海一家博物館準備斥資建造一個具有歐式風格的巨大穹頂，陸先生主動請纓，接下了這個難度很高的工程，而為了確保工程順利完成，博物館也邀請其他建築師共同參與設計。

陸先生自信滿滿的進行實地測量和分析後，宣稱有辦法造出最美麗的大穹頂，但是卻拒絕透露一些關鍵的設計細節。他有自己的工作方法及設計理念，雖然也懂得與其他建築師交流，但別人的想法他完全沒看在眼裡，不僅如此，他對於不懂裝懂的人在自己面前指手畫腳，非常反感。因此他和其他建築師的溝通很不順利，使得工程進度一直停滯不前。

為了避免受到干擾，陸先生對其他建築師和外行的管理者下了逐客令，要求他們若是不願保持沉默就退出設計團隊，因為把興建博物館的重責大任交給自己，他就有絕對的主導權和決策權。

這條逐客令一出，陸先生很快就被眾人孤立，但這也讓他有了更多的創作和設計空間，出色的才華不會受到干擾。

很多成功人士或多或少都有些脾氣和鮮明的個人特質，他們特立獨行，從不遷就別人，也不將就任何事情。

為什麼強大的人不容易成為「濫好人」？

那是因為有脾氣、有態度的人多半也不太善於控制自己的情緒，有事情會當面講清楚，且控制欲比較強，即使不發脾氣也能讓人感受到嚴格、認真的性格，但卻直爽、精力旺盛、容易動真感情。

一些心理學家還提出不同看法，他們認為那些成功人士之所以表現出「不會完全迎合他人」的想法，關鍵在於特權：特權使人更有主見，有時候甚至讓人變得更加粗魯。

加州大學柏克萊分校的心理學家保羅·皮福（Paul K. Piff）領導自己的研究團隊進行實驗，檢測較高的社會地位是否意味著高貴的行為，結果答案讓人吃驚：同較低階層的個體相較，較高階層的個體表現得更缺乏寬容心。因此常會發現許多高層人士不習慣於別人與自己的觀點不一致，也不願意見到其他人違背自己的意願，就連只是遲到和小失誤，都可能讓他們火冒三丈。

心理學家認為，成功人士具備更強的能力，也擁有更多資源及權力，因此容易把自己獨立於他人甚至整個系統之外，並且會將自己的想法看得非常重，也就導致他們不願意遷就，不喜歡圍繞著別人去生活和工作，對他們來說，只要活著就應該有所作為，而有所作為的前提是「一切都要依靠自己去奮鬥」。

這是一種與生俱來的特質，這些成功者天生就帶著「永不妥協」、「不輕易退讓」、「大膽做自己」的特質，所以也就不怕在大家面前展示自己「不那麼好相處」的一面。對於他們來說，如何展示自己的影響力、避免被他人干擾才是最重要的事，為了達到自己的目的，他們偶爾會適時的做出讓步，但卻不會輕易委曲求全。

此外，強大的人面對生活也非常有責任感和上進心，而且態度認真嚴謹，對事物的關注度高，非常看重規則和制度的約束作用，不允許有人違背原則。這樣的人就像威嚴的獅子一樣，他們不願意隨便降低自己的姿態，還會以獅子的標準來要求身邊的人，常常會給自己和身邊的人增加各種壓力來提升自我，只要懂得承受更多激勵，就能夠變得更加強大。

18

成功是自己逼出來的

「二八法則」大家耳熟能詳，這個法則是指：可能只有二〇%的人會做出成績，而在這二〇%的人當中，又只有極少數人堪稱成功，其他的人只是做到了水準之上，甚至還稱不上是優秀。真正優秀和卓越的人，往往是最狠心的人，常常被當成瘋子，甚至是壞人，他們的要求總是被人認為是無理取鬧，但也正因為夠執著，才使得他們能夠成為極少數的社會精英之一。

江生就是這樣的人，這個畢業於柏克萊音樂學院的高材生，一直以來的夢想就是成為一個出色的小提琴演奏家。他曾經為了譜寫一首曲子花費整整三年半的時間，而且幾乎對每一個細節都進行精確的分析和設計。

一開始他前往歐洲各國遊歷，希望能夠找到更多素材和靈感，半年之後他擬定了第一份草稿，並且親自演奏給別人聽。當時同學和導師們都認為這是一個非常優秀的作品，可是江生並不滿足，總是覺得某些小節有點生澀和牽強，需要再修飾。

再次成稿後，他又練習了很多次，仍然沒有找到自己想要的那種感覺。此時他的導師希望這首曲子可以作為大學年度交流會的演奏曲目，畢竟在導師看來，經過修改的曲子已經變得更加優美，對於一個新人來說，已經非常了不起。

江生知道自己的曲子很不錯，可是總覺得還是不夠好，偏偏他自己也說不出來追求的是什麼樣的感覺，也弄不清楚到底缺少了什麼。那段時間他一直都在琢磨整首曲子，希望能在交流會之前修改好。

一個月之後，當導師前來索取樂譜時，江生非常失落的說：「我不打算交出這首曲子，我覺得它只是一個失敗的作品，不值得享有這麼高的規格，我想要再創作出更好的作品。」聽他這麼說，導師雖然有些替他感到惋惜，但是也明確表態尊重他的決定。

在那之後，江生徹底推翻了之前的曲譜和演奏風格，準備重新創作，在他看來，一直被束縛在原有作品的格局裡會很難突破，只有全部打掉重練，才能真正創作出更好的作品。於是他再次啟航，花費兩年時間在亞洲、拉丁美洲、非洲等地采風，並將各種不同文化融合在一起，慢慢找到了創作的思路和靈感，這一次，他終於創作出自己感到滿意的作品，而這首曲子也很快獲得了專業人士的一致好評。

當人們對自己表現得更加嚴厲，不斷以更高標準自我要求時，往往更容易獲得成功，成就其實是被自己逼出來的。許多成功者是工作狂及完美主義者，他們看似不容易妥協又待人苛刻，甚至有些吹毛求疵，是別人眼中的「異類」，而不是傳統定義上的好人。可是從另一方面來說，他們有著更高的追求、更強大的自律精神，還有更堅定的意志力和控制力，讓旁人可以感受到他們的原則、底線和進步的決心。

這類人常有以下這些特徵：他們很少慶祝成功，並且對於明顯的錯誤和失敗耿耿於懷；他們很少關注自己取得了什麼樣的成就，反而總是想著還有什麼地方需要再改進；他們非常嚴苛，會譴責自己和他人的錯誤，不喜歡那些安於現狀或者停滯不前的人。

反觀脾氣太好的人，他們看起來溫和，且體諒人心，但自我管理通常很鬆懈，會放縱自己和他人的錯誤。他們可能沒有想要變強大的欲望，也不具備那種督促自己和他人的魄力，凡事都認為「我已經做完了」，或是「我已經做得很棒了」；在生活和工作中都沒有太高的追求，也不會對身邊的人提出高要求，進而養成「無所謂」的心態和習慣。最終，這種習慣性的放鬆，會讓他們逐漸淪為平庸。

不同心態往往會導致行為結果產生極大差距，一心尋求進步和容易止步不前的人，人生發展過程可能天差地別。心理學上有一個著名的公式，一的三六五次方等於一，一．〇一的三六五次方約等於三七．七八，而〇．九九的三六五次方約等於〇．〇二六。其中「一」代表著每一天的努力，「三六五」則是一年的天數，「一．〇一」表明每天都進步〇．〇一，而「〇．九九」則代表每天都少做〇．〇一。

這些讓人眼花的數據，其實要表達的是，每天的進步和退步其實非常細微，甚至可以忽略不計，但是拉長到一整年來看就會產生截然不同的結果：每天進步〇．〇一的人到年底時，他們所做的業績已經達到了正常水準的三七．七八倍，而每天退步〇．〇一的人，年底結算時的剩餘價值大約只有平常水準的四十分之一。

許多對自己嚴苛的人都是非常出色的發明家、領導者，他們不能容忍自己止步不前，不能容忍自己的工作漏洞百出，「做得更好一點，再好一點的追求」是他們的口頭禪。同樣強烈的控制和監督意向，也發揮在周遭同事朋友身上，認為每一個人都應該處於「正在加工中」的狀態，一切都充滿可能，讓他們會想盡辦法給旁人更大的壓力。

精益求精是一種難能可貴的特質，讓我們不斷去探測自己的價值和潛力，擺脫庸碌無為。如果你也渴望成功，就需要改變自己的態度，同時也嚴格約束身邊想要一同奮鬥的人，為彼此設定更高的目標及要求，然後努力達成。

19

對自己也要吹毛求疵

查爾斯・狄更斯（Charles John Huffam Dickens）在他創辦的刊物《一年四季》（*All The Year Round*）中寫道：「有人曾經被問到這樣一個問題：『什麼是天才？』他回答：『天才就是注意細節的人。』」

事實也的確是如此，那些被稱為天才或成功人士，有時候不僅比平常人看得更遠，也看得更仔細，儘管他們偶爾會顯得過分嚴格，被批評太過挑剔，可是也正因為夠挑剔，才能夠變得更強更好，俗話說：「嫌貨才是買貨人。」也是這樣的道理。只有嚴格才能成就更高的品質，才能夠成功規避風險，讓他們得以脫穎而出。

而要做到重視細節，往往就需要對自己嚴格，也需要對他人嚴格，這種情況下，難免會有一些脾氣，如果是一個有好脾氣的濫好人，習慣放鬆對自己的管控，降低對別人的要求，事事都放寬標準不講究細節，將難以有所成就。

張亮是籃球校隊的得分主力，身為球隊裡投籃能力最突出的球員，他的三分球水準非常高，無論是出手次數、命中率、難度係數都堪稱頂尖，許多人都視他為最出色的三分球射手，就連其他學校的球員都會向他討教投籃問題。

之所以能夠成為頂尖的三分球射手，是因為他很能掌握三分球投籃時的諸多細節。了解張亮的人都知道，他的身高比整個大學籃球聯賽球員的平均身高還要矮很多，使得他在球場上面臨的阻礙比大多數球員更多，所以他只能強化自己的投籃能力，而這種強化，已經到達完全細節化的地步。

許多球員是憑手感投出三分球，張亮則要求自己必須精確做到投籃動作的每個細節，像是許多教練會教球員：「投籃時兩腳間距與肩同寬，雙腳對準籃框方向。」可是這樣做會衍生出另一個問題，那就是投籃時必須將手肘扭正，而這個扭正動作可能會干擺投籃姿勢。因此張亮自行調整姿勢，把雙腳的間距拉大，腳尖向左側傾斜大約十度，這樣就能使自己的右臂在推出籃球時正對籃框。

看到報導，他心目中的ＮＢＡ三分球王柯瑞（Stephen Curry）公布自己如何練習，達到神投境界，張亮也要求工作人員和訓練師觀察自己的投籃弧度再做出統計，最終他將自己的三分球投籃角度設置為大約五十度，而入框時的角度為四十六度。

專門提供投籃技巧優化服務的諾亞籃球公司（Noah Basketball）執行長約翰．卡特（John Carter）曾經做過精確的計算，發現三分球入框的理想角度為四十五度，而張亮的投籃軌跡在數學上是近乎完美的。

在調整角度的同時，張亮還要求提升自己的出手速度，讓自己在面對更高大的防守者時可以快速出手，這也是他的投籃往往會在〇．三秒內完成的原因。有人認為他的投籃技術是一種天賦，但對他來說，把握細節後反覆練習，才是真正制勝關鍵。

「魔鬼藏在細節裡」，掌握細節也是一種嚴謹的生活態度及工作態度，而追求細節的人往往也更謹慎、更執著。善於把握細節的人，總是會在一些細支末節上提出更高的要求，這種人經常太過挑剔，會不停環顧四周，或是拿著放大鏡檢視錯誤，他們不能容忍任何不合理的環節，哪怕只是小問題也能讓他們保持高度警覺。

這樣的人具有貓頭鷹式的領導特質，喜歡安靜思考，追求事物的精確度是做事基本原則，有時候甚至顯得有些吹毛求疵。此外，他們做事認真嚴肅，講求原則，追求公平公正和紀律，具有很強的是非感。

國王與伯爵們即將展開對決。在戰鬥前，國王命令馬夫找鐵匠替自己的戰馬打造一副好的馬蹄鐵，可是鐵匠發現釘子不夠，就提議馬夫去尋找。馬夫覺得少一根釘子沒關係，況且大戰在即也沒必要浪費時間去尋找。國王平時就疏於管理馬夫，對於打造新馬蹄鐵的事情也沒有再仔細過問，因此就直接騎著戰馬上陣決鬥，結果由於釘子數量不夠，馬蹄鐵在戰鬥的過程中脫落，而國王也直接從馬上摔落而成了俘虜。

如果國王平時夠嚴格，而馬夫是一個注重細節的人，或是國王願意親自查看裝備，事情或許就不會有這樣的結局。不過在日常生活中，許多人就像這國王或馬夫一樣會輕視細節，認為「這只是一個小問題，不值得浪費時間」、「我還有其他更重要的事情要做，哪來得及管這些細節」、「我是做重大決策的人，這種小事讓別人去管就好」，或是「顧全大方向就可以了，那些細枝末節無所謂」。

美國民權運動領袖金恩（Martin Luther King, Jr.）博士曾說過：「如果你注定成為清潔工，那麼就用米開朗基羅繪畫、貝多芬譜曲、莎士比亞寫詩……那樣的心情來清掃街道，完美的完成工作，讓天地萬物都停下來讚賞：這裡有一個清潔工把他的工作做得非常好。」真正的成功人士不會只看大格局，而是連小事情也同樣看重且把握細節。

總體來說，注重細節的人往往會擁有更加精采、精緻的生活，他們會掌控好身邊的資源，會將每一份資源的價值最大化，而與此同時他們又是最穩重的人，不允許自己被細節問題所擊倒。

20

不達目的絕不輕易罷手

很多經歷過磨難的人都知道，成績往往都是逼出來的，這不是謙詞，而是每一場奮鬥歷程刻骨銘心的體會，只有那些不斷逼迫自己朝向目標前進、努力實現理想的人才能夠真正獲得成功。所以那些自律的人總是時刻提醒自己及身邊的人，握緊目標，不要輕易放手，儘管他們有時候顯得有些嚴苛，會讓人覺得他們在故意折磨人，但事實上正是這種執著、苛刻，才能夠確保目標順利完成。

美國西點軍校以訓練嚴厲聞名，教官們會給每個學員下達命令：面對上級分配的任務，不能說「不可能」或是「做不到」這樣的話，學校不允許任何學員半途而廢。

在很多時候，教官會制定一些「不可失敗」的強制性規則，要求每個學員都一定要合格，否則就會面臨被學校開除的處罰。

西點軍校一直都推行魔鬼訓練，像是學員們必須背著將近二十公斤重的背包急行軍，要在規定的時間內完成幾公里的路程，慢幾秒鐘都不行。在完成第一階段的訓練後，學員們必須立即進行一百多公尺的武裝長泳，上岸後則要立即背起背包再跑一百多公尺到達集合地點，然後徒手攀越十公尺高的鋼索，接著跳入湖中再快速游泳上岸，最後再做十個伏地挺身。

這樣高強度的訓練，對任何一個人來說都是巨大的挑戰，即便是再身強體壯的學員，也常常被操練得筋疲力盡，但是西點軍校的學生都不會就此輕易放棄或退出，因為教官隨時都在身後盯著，只要有人無法完成課程，就會在考核中被淘汰，甚至被迫離開學校。

很多人認為西點軍校的教學方法過於嚴苛、不夠人性化，無論是對學員的身體還是心理都會造成很大的負擔。但事實證明，正因為要求嚴厲，西點軍校畢業的人才能穩健的實踐自己的諾言和目標，西點軍校也才能成為世界上最有名的軍校之一。

在生活中，幾乎每個人在人生不同階段也都有不同的目標，像是會說「我希望成為科學家」、「我一定要成功」、「我今年的目標是能夠賣出一百輛汽車」、「我想在月底之前完成這份計畫」。

可是經過一段時間之後，很多人就會打退堂鼓：「這件事超出我的預期，我不想再繼續做下去」、「我已經盡力了」、「這不是我能辦到的事情」、「既然對方這麼堅持，我還是放棄好了」。

人只要在挫折中不斷提出質疑，就很容易放棄繼續追求目標。放棄目標是執行力不足或者執行意識薄弱的表現，一旦太容易對困難妥協，就會變成「思想上的巨人，行動上的侏儒」。因此，如果我們不能加倍嚴厲的鞭策和督促自己，那麼懶惰的心理會很快腐蝕夢想，將個人目標擊得粉碎。

許多努力奮鬥的人，會堅持自己的理想和目標，因為他們更具責任心及榮譽感，講究嚴謹、認真做事的態度，這是他們控制、管理、調節自身行為的方式，無論遇到什麼樣的困難或多大的誘惑，他們都會按照原先的目標，一絲不苟的去完成任務，義無反顧。

然而，抱持好脾氣的人，容易對失敗採取寬鬆放縱的姿態，因而喪失進取心和耐性，執行力也會因此大受影響，這樣長久以往，想要達到目標獲得成功，也就不容易了。

勇敢準則 ❹

強者要嚴格待人待己，

生存法則中弱者不值得同情。

生活不會總是對你溫柔以待，

在艱難的環境中，不能總是保持「老好人」的性格和姿態，

而是要讓自己變得強悍勇敢。

chapter

05

保持強悍，
你的人生才能突圍

05

21

只當好人，不當「濫好人」

「脾氣好」，才會過得更好，更容易獲得成功，這是我們普遍的認知，因為在各種名人的成功學中，都離不開「忍耐」、「低調」、「退讓」這些字眼，幾乎每一個成功者都離不開自我克制這一法則，彷彿要有所成就，就必須「先學會做一個好脾氣的人」。可是如果深入挖掘和分析，就會發現幾乎每一個成功者都有其強勢的一面，而這也是他們在激烈競爭中能脫穎而出的關鍵。

因為老是替別人想、委屈自己，許多前去諮詢心理問題的人，都是所謂的「濫好人」，反而是有點脾氣的人不容易出現心理層面的問題。

這些「濫好人」總是選擇壓抑自己的情緒，遭遇不公正的對待也常常選擇忍受，使得他們的精神長時間處於緊繃和抑鬱的狀態。這種人明明有自己的主張，卻要聽從別人的指導；明明不喜歡做某些事，卻不懂得如何拒絕別人；受到欺侮時總是裝沒事，導致長時間無法抒發和調整自己的真實情感，常常會感到無奈而憂鬱……因此，無論是從現實生存還是心理健康的角度來看，當個「濫好人」無異是傷害自己的行為。

很多人總是無條件的幫助別人，主動吃虧，事事都搶在別人前面承擔責任，遇到對方得寸進尺，提出更多要求的機率也會大增。

有個賣蠶絲被的老闆大方送給朋友一床上等蠶絲被，結果對方連句道謝都沒有，就直接拿走被子。幾天後，這位朋友不小心將菸灰掉在被子上，燒出一個洞，他拿到店裡希望換一床新的蠶絲被。這下子，換送禮的老闆感到很為難，但抱著好人做到底的想法，也就勉為其難再送一床新被子。

幾天後，賣蠶絲被的老闆無意中聽到朋友間的耳語，說是接受饋贈的朋友到處宣傳這個老闆太小氣，贈送的蠶絲被品質不好，還聲稱店裡賣的都是瑕疵品，根本不值得買。

原本以為自己的大方舉動會贏得朋友的好感及友誼，可是沒想到朋友不但不領情，還在背後惡意中傷自己。

這種「好心給雷親」（台語：好心沒好報）的事情比比皆是，我們總以為只要自己心地和善，幫助別人，稍微忍讓一下沒什麼，更不會傷了和氣。

但事實上，如果你的脾氣太好，習慣當「濫好人」，反而很容易處處受到侵犯。知名的大畫家達文西，個性善良且好客，因此朋友眾多，其中難免有些損友眼看達文西的畫作搶手又值錢，於是動起歪念，趁著到達文西家裡作客時「順手」帶走一些畫作。達文西知道後並沒有追究，只是默默承受，也沒有因此對別人抱怨、控訴這些朋友。

當個好人沒有錯，但是一味當個「濫好人」可不行，這會讓自己陷入困境。因為脾氣太好的人往往缺乏自我保護意識，不懂得防備，也缺乏應對外界壓力的能力，這樣的人很難真正維持自己生活及心理上的平衡。

為了確保自己不受到惡意的傷害，在必要時刻我們必須「硬起來」，讓自己變得更加強勢、更加主動，能夠果斷拒絕別人的得寸進尺，反擊別人的無禮傷害，面對自己的正當權益時不要害怕退縮，而要積極主動爭取。

22

「以牙還牙」不是報復，是自我保護

看到「以牙還牙、以眼還眼」的字眼，我們有時會暗想這種人的氣量真小。但事實上，這樣的人才是真正懂得如何生存的人，因為他們「報復心強」的特質，可以化為強悍的戰鬥力，能夠保護自己並掌控主導權。

何歡是個恩怨分明的人，在大學期間一直都表現出強烈的嫉惡如仇的個性，出社會工作後，他也像大多數人一樣慢慢有所改變，收斂起當學生時候的鋒芒，但仍有自己的堅持，並非一味的妥協、讓步。

他不刻意磨平稜角，抹殺個性，始終保持自己的尊嚴和底線，平時他懂得與人和睦相處，對於誤會或衝突都能用平和的態度來解決，可是在面對有人惡意攻擊和侵犯時，他固守底線，絕對不會只是逆來順受。

多年來，何歡在公司裡的競爭對手們，總是無所不用其極的抹黑打壓他，有人勸他收斂一點、低頭認錯就沒事了。但是他總認為，既然自己沒做錯就沒有必要示弱，何況他也一直抱持先禮後兵的姿態。如果別人和善，自己也會以禮相待，但是對方一旦得寸進尺，侵犯到他的權益時，他也會毫不留情的予以還擊。

相較於過激的反應和過分妥協的態度，這種「不惹事也不怕事」的態度，往往更能贏得尊重，因為這樣的人多半具有鮮明的性格和明確的立場，對於人際關係的把握，顯得更有智慧。

一位名律師，有次出庭擔任辯護律師，與原告律師多次激烈爭辯。當時原告律師在法庭上把一個簡單的論證翻來覆去，陳述了兩個多小時，浪費許多時間，讓被告律師和旁聽民眾都非常不滿。

等輪到這位被告律師上台辯護時，他先是慢條斯理的脫掉外衣，再將衣服放在桌上，接下來不慌不忙的拿起玻璃杯喝了兩口水。原告律師見他意圖拖延時間很生氣，便一直催促他快點開始辯護，可是被告律師充耳不聞，又再緩慢的穿回外衣，拿起杯子喝水，接著再脫掉外衣，反覆了五、六次之多。明眼人都看懂被告律師是故意的，是以其人之道還治其人之身，讓原告律師氣得兩眼冒火，但旁聽民眾卻哄堂大笑。

在講求合作共贏的現代，一個人如果展現出競爭力和戰鬥力，容易遇到道德上的譴責，被認為是小心眼、不懂包容。但大家都沒有考慮到一個現實問題，就是現在這個充滿競爭的時代，無論如何追求合作，仍要擁有競爭意識，遵守競爭法則，尤其是在利益導向的商業領域，更需要保持適當的攻擊性。

周偉便是這樣的一個人。在很多人眼中，喜歡射擊遊戲的他根本就是個好戰之徒。在多年的經商生涯裡，不只與大型國際企業交過手，就連本土的小同行，他也一樣不輕易放過，總是鬥志高昂的與對手們周旋，而且很少做出讓步。

他曾在一天內，在社群網站上連續發出多條訊息披露自己與競爭對手之間的恩怨，如果對方主動抨擊，他也會立即回應反擊。

有很多人對周偉的行事風格反感，在他們看來，周偉過於好戰，缺乏人情味。但實際上，周偉正因為擁有如此強烈的競爭意識，才能夠有效把握商機，在競爭激烈的環境中生存下來。

競爭其實比合作更單純，只要能夠維護自身利益，我們就會出於本能的對他人的侵犯做出正常反應。雖然保持強勢是一個非常冒險的舉動，這意味著衝突可能會被激化，但如果我們盲目退縮，就可能會在競爭中失去更大的生存空間。所以那些具有競爭意識的人會這樣告誡自己：「退縮是一種極其可恥的行為，如果別人動了我的蛋糕，那麼我也要想辦法從對方手中切一塊回來。」

有人說，現在仍舊是「大魚吃小魚」的時代；但也有人認為，現今已經演變成「快魚吃慢魚」的時代。但無論是哪一種時代，關鍵都在於強勢「吃」掉弱勢。為了追求更大利益，合作是必要手段，但別忘了在合作之外，也同時存在著很多競爭關係，為了避免在競爭中被淘汰，就必須隨時做好準備，一旦遇到惡意攻擊，就要堅決的做出反擊。

《聖經》中說：「如果有人打了你的左臉，那你就將右臉湊過去。」可是在激烈競爭和惡劣的生存環境下，想要突圍，勢必得讓自己的表現更為強勢，要給自己的好脾氣設下底線。

妥協、退讓、寬大為懷的想法並不一定適合每個人，當對手們亮出牙齒和爪子時，我們在必要時也應該亮出尖牙和利爪，這種針鋒相對不只是對對手的尊重，也是對自己的尊重，更是對整個競爭遊戲規則的尊重。

許多成功人士都具備這種競爭意識，他們有強烈的求勝欲望及剛烈個性，他們不主動挑起戰爭，但也不會一味屈服於別人的壓迫；他們知道如何在必要的時候打擊對手，如何維護自己的權益，如何展示自己的魄力和實力。在一些特殊情況下，他們甚至還會做到「以牙還牙，加倍奉還」，展現出來的強勢，會讓他們的自信心更強，掌握更多的話語權和主動權。

那麼，又該如何拿捏，做到「以牙還牙」呢？

首先，當對手抓住把柄發動攻擊時，我們也要找出對方身上的缺點和破綻，然後給予重重一擊。

再來，當對方做出比較過分的攻擊行為時，受害的一方也要用相同的行為反擊回去；對方造成了我們什麼傷害，就要想辦法回敬對方相應的結果。

從道德上來說，大多數人通常都不喜歡「以牙還牙」，但「以牙還牙」有時候不僅是為了展示強硬的姿態，也是一種賽局與溝通的策略。

賽局中有個叫作「囚徒困境」（Prisoner's dilemma）的操作手法，這是指當兩個共犯被捕入獄後，將兩人隔開來讓他們不能彼此溝通，分別給兩人保持沉默或舉發對方的選擇，這時候兩人的選擇將影響自己是否入獄。

這種情形下，若雙方都保持沉默，由於證據不足，可能兩人都只判一年刑期；若是其中一方認罪並舉發對方，而另一方選擇沉默，那麼認罪者將會立即獲釋，沉默者則會受罰坐牢；若是雙方互相揭發，由於罪證落實，則兩人都得入獄。

從囚徒困境中可以看出，大家多半傾向於採取「以牙還牙」的策略：如果其中一方採取合作的態度（不揭發另一方），那麼另一方也會同意合作；但如果其中一方不願意合作（要揭發另一方），那麼另一方將會同樣採取不合作的態度。

心理學家認為，以牙還牙的策略符合四個原則：善意、報復、寬恕、不羨慕。

善意：「以牙還牙」的人一開始採取合作的策略，不會背叛和傷害他人；

報復：當遭到對方背叛時，「以牙還牙」的人一定會採取攻勢；

寬恕：當對方停止背叛，「以牙還牙」的人通常也會原諒對方，並採取繼續合作的態度；

不羨慕：「以牙還牙」的人致力於保護自己的利益，但是追求的不見得是最大利益，反而會更著重於全體得到保障。

從賽局的角度來看，「以牙還牙」本身就足以自我保護，但是這種方式只適用於攻擊性強、傷害程度大的對手。

23

夠強才不會成爲別人的墊背

「物競天擇，適者生存」是基本生存法則，只有強者才能夠活下來，而弱者往往會成為犧牲品。我們曾提到，攻擊者可能會為個人殘酷行為進行辯解，神經學專家認為問題出在大腦的「杏仁核」區域，當這個區域受到電擊時，平時溫和的人會變得暴躁；同樣的，當該區域的神經活動被抑制住時，原本處於暴躁狀態的人會溫和下來。

可是在群體裡，人們的行為會受到所扮演的角色和地位的影響，如果某人的地位高於其他人，那麼當他的杏仁核區域受到刺激時，就容易對他人發起攻擊；若是反過來，當地位低於其他人時，那麼即便他的杏仁核區域受到刺激，也不會輕易攻擊別人。

由此可見，大腦自己就會做出攻擊選擇，能夠分辨出強弱，並以此來評估和引導行為，做出最有利於自己的行動。也就是說，當一個人表現得更弱，或者更好說話時，反而更容易遭受攻擊。

大部分人所了解的達爾文進化論，是用在解釋文明的演進：猴子學會走路，學會發明工具和勞動，情感思維開始進化，人與人之間越來越和諧，越來越密切合作。可是進化的本質在於競爭，而且這種競爭不僅存在於不同物種之間，也存在於同一物種裡，就像人類的祖先在戰勝其他物種的同時，彼此也不斷的在互相淘汰，這些例證在人類歷史上比比皆是。

即便是現在，這種內部淘汰機制依然在運作，而防範自己被淘汰的唯一方法，就是讓自己變得更強大，擁有更好的資源與環境。這在現今社會更是明顯，儘管文明不斷進步，但是競爭從不曾改變，無論是哪一個行業、群體，或是在哪一個國家、組織裡，都逃不出這樣的法則。

我們往往會同情弱小，但那些示弱的人未必會因為他人的同情，而獲得更多的資源。《聖經・馬太福音》第二十章說：「凡有的，還要加給他，叫他有餘。沒有的，連他所有的也要拿過來。」社會資源就像這段話一樣，向著強者傾斜，因此富人越來越富有，有權之人享有的權利也越來越多，越是優秀的人越容易獲得滿足。

綜觀人類發展史，無論哪個朝代都是精英社會，只有最優秀的強者才能掌控最多、最好的資源。儘管有各種的革命、運動或改革方式，一遍遍的重新洗牌，可是資源最終仍舊只掌控在少數人手裡，人與人之間的差距始終不曾靠近。原因在於，強者總是會從那些相對弱勢的人身上贏得更多機會。

那麼強者會和強者對抗和競爭嗎？答案是肯定的。無論是個人還是組織，都存在著強強對抗的情況，但是一個不可忽視的事實是，多數競爭仍舊發生在強者和弱者之間，為了規避風險，人們總是會習慣性的把相對弱勢的人當作對手。如果更進一步探究就會發現，強者會變得越來越強，常常是建立在弱者更弱的基礎上，因為大家都會選擇從更弱的人那裡搶奪資源，這樣會比冒險和強大的人對抗容易多了。

這種強勢壓制弱勢的行為，並非是成人才有的心機算計，早在幼兒時期，孩子們就已經意識到這種潛規則，也就是我們熟悉的「會吵的小孩有糖吃」。那些經常表現強勢或懂得哭喊吵鬧的孩子，往往可以獲得大人的關注，得到更多獎賞，而緊閉嘴巴的乖孩子容易遭受冷落。

從某種意義上說，那些內向、害怕表達、不敢提出要求的乖孩子更容易變成弱勢群體，在之後的人生道路上可能會逐漸喪失優勢，因為他們的機會總是會被看起來更調皮的孩子搶走。

有個笑話，內容是：有幾個朋友一起到森林中遊玩，竟然遇上了大熊。其中一個人準備拔腿逃跑，另一個人苦笑著說：「沒用的，你跑得再快也不可能比熊還快。」逃跑的人回說：「我的確跑不過這隻熊，但我只需要比你們快就行了！」

這故事是不是讓我們覺得有趣卻又殘忍？很多人都在遵循這種模式應對自己的生活和工作，大家都在避免成為跑得最慢的那個人，同時藉由打壓比自己更慢的人，來贏得更多的生存空間。

至於那些「跑不快」的人，他們更該做的是改變兩件事：第一是必須提升自己的速度，爭取跑得比別人更快；第二是必須改變「希望別人來幫忙」的想法，因為在涉及生存問題時，強者都知道：過分保持好脾氣往往只會拖累自己。

因此，任何一個人想要獲得更大的生存空間，就需要適當改變軟弱的妥協個性，應該經常表現出強勢的一面，只有這樣才能避免在弱肉強食的環境下成為犧牲品。

24

面對競爭對手，要讓自己更強悍

當一個人環視四周時，會本能的觀察和在意別人的成就，並且把這個成就設定為自己要超越的目標。人們的比較心理會衍生出競爭意識：無論如何勤奮努力、發憤圖強，或是行為動機如何高尚，如果僅僅只是實現自己的目標，而未能壓過同一層次、同一領域的人，就不會因為現有的成就而感到滿足，甚至可能會認為這些成功根本不值得開心。

人都需要比較，只有比較才會產生競爭力，也只有競爭才會帶來勝利。有些人之所以會喜歡上競爭，就是因為競爭對手讓自己內心澎湃、熱血沸騰，一個好的對手會帶來更大的成就感，讓人覺得競爭是一項有魅力的活動。

偏愛競爭的人往往對自己的要求也更高，他們會時刻提醒自己應該怎麼做，從競爭中感受到快樂，但從本質上來說，他們最大的滿足感是來自於取勝，免於被其他人淘汰，而為了做到這一點，他們會不斷強化自己的實力。

但在普遍講求以和為貴的社會裡，「喜歡競爭、表現出攻擊性是否有益」一直很有爭議，有心理學家提出支持的論點，認為快樂和諧的氣氛會讓人體內的後葉催產素增加，識別風險的能力降低，進而讓人誤以為自己處於一個安全的環境裡，不需要多加注意周邊環境，而錯過一些重要的資訊和信號，並在判斷時出錯。因此，唯有時刻保持警覺，並且在必要時以攻擊的姿態進行防禦，才能讓自己不至於錯失機會和被人欺凌。

此外，從大環境來看競爭及攻擊力的重要性，答案有時候也不言自明。

阿里是S公司的一名專案經理，即將被派往非洲負責一個新的專案，可是競爭公司已經搶先與該專案的負責窗口會面，還開出非常好的合作條件，包括保證在三個月內完工，及允許客戶先支付三〇%的款項即可，其餘的款項還可以低利貸款的方式分期償還。這兩個條件讓客戶怦然心動，雙方的合作幾乎一蹴而得。

阿里的同事們都認為他這次去非洲一定會白跑一趟，畢竟競爭對手提出的條件實在太誘人，其他公司很難再開出更優渥的條件。可是阿里並沒有就此放棄，他認為公司既然準備在非洲開拓新市場，就要做出最大的努力，即便看起來困難重重，競爭壓力很大，也要迎難而上。

阿里一樣約了這個專案負責人見面，一開始就攤牌，明確表態公司可以將工期縮短為兩個半月，也願意在先支付二五％工程款的前提下，餘款提供無息貸款。

這些條件讓客戶很震驚，也讓S公司內部一片譁然。公司方面認為阿里提出的條件會讓內部非常難做，但阿里卻認為，如果公司這次不對競爭公司做出強烈的回應，之後仍會在其他生意上被對手排擠，商場上任何一次的退縮，都可能會造成連鎖反應，導致公司陷入挨打的困境。

在阿里的堅持下，公司最終決定全力支持這個專案，成功拉攏客戶。更重要的是，競爭公司在非洲失去了一個重要客戶，也喪失繼續纏鬥的信心。可見，只有適時表現得比其他人更加強硬，才能贏得競爭。

在這個充滿競爭的時代，絕不能做個優柔寡斷、懦弱的人，面對競爭對手，一定要展示自己強大的決心和「強硬」態度，不管遇到任何困難和麻煩，都要勇敢出擊、果斷解決，成為一個強悍的人。

只有不斷的進攻，才能突破困難，戰勝對手，贏得更多資源。

勇敢準則 ❺

保持競爭性是應對冒犯的重要方式。

職場充斥著各種利益糾葛，

如果將現實想得太美好，將人際關係想得太簡單，

那麼最終可能無法在職場生存。

chapter 06

職場競爭激烈，
要掌握生存之道

06

25

濫好人可不會是辦公室裡的幸運兒

職場上有一種人，性格溫和、樂於助人，幾乎有求必應，常被稱為「好好先生」或「好好小姐」。

這些人有些明顯且共同的特徵，包括：在任何時候、任何地方都是面帶微笑，唯唯諾諾的接受任何人的指令，並樂此不疲；工作上沒有主見，很少發表自己的想法，凡事跟著別人走，迎合對方；做事沒有原則及固定的立場，總是因人而動；缺乏競爭意識，凡事都力求安穩，不會主動追求更高的目標，甚至可以說根本就沒有什麼更高的目標；習慣了逆來順受，不會因為他人的反對和批評而動怒。

從現實環境來看，職場上會出現「濫

好人」的原因很多，像是：有些人天性善良，不喜歡與人計較，有時候甚至膽小懦弱，會盡量避免與人發生衝突；有些人則是害怕被排擠，通常很會迎合別人，渴望得到別人的認同，無論做什麼事情都希望取悅於人。

另一種原因，則是被後天的成長環境和生活模式所影響，有些人由於從小就沒什麼壓力及上進心，導致不夠了解自己也缺乏自信，沒有明確的人生規畫，沒有理想及目標，所以只將目光放在眼前這些人的身上，並且很容易受到他人影響。有些人則是被工作環境養成盡忠職守的性格，習慣了聽從指令，被人差遣，並將這一切當成他工作中最大的責任。

「好好先生」多半是比較願意吃虧的人，但是他們是否真的就比較能夠適應職場環境，或是獲得更多更好的發展機會呢？根據美國康乃爾大學、聖母大學及加拿大西安大略大學的三位研究人員，花費二十年的時間長期追蹤調查一萬名來自不同年齡層，廣泛分布於各行各業的上班族，在調查的過程中，研究人員先根據「與人相處的難易程度」將所有人劃分成不同的組別，以此來驗證那些職場中的「好好先生／小姐」會不會在排名中墊底，以及「是否容易相處」會不會成為影響個人收入的關鍵因素。

調查結果顯示：那些「難以相處」的人往往薪資較高，而脾氣溫和的「好好先生／小姐」薪資反而比較低，其中難以相處的男性薪資又比「極易相處」的男性每年要多一八%。女性上班族的情況雖然比較不明顯，但是「很難相處」的女性薪資仍舊要比「極易相處」的女性平均每年多五%。

研究人員在調查報告中指出，造成收入差距的主要原因可能在於，脾氣好的人在要求薪資時比較容易妥協，不會計較太多，導致他們在公司的競爭中吃虧。

網路上曾有一篇爆紅的文章〈偷看所有同事的薪資及年終獎金，發現一個天大的祕密〉，作者聲稱自己偶然看到所有同事的薪資情況，發現了一個現象：「公司裡那些脾氣不好、愛拍馬屁、但工作能力普通的員工，薪資明顯高於那些脾氣好、個性老實、工作能力較強的員工。超過四十歲的高級工程師，收入遠遠低於那些三十歲左右身兼小組長的一般工程師。」

這篇文章很快引發熱議，也引起很多網友共鳴。其實，不僅僅是薪資分配不均衡，也曾有其他研究人員對幾百名畢業生進行調查，發現他們在面試工作時，脾氣越好的人反而越不容易被錄取，這是因為他們沒有自己的想法，不會堅持自己的主張，從而無法讓人信任。

而在那些上班族裡，表面上看似脾氣好的人比較受歡迎，可是獲得提拔和成功的機會往往最小；而那些稜角鮮明、很有主見、看起來脾氣不太好惹的人，反而比較能贏得主管的青睞，在公司競爭中也更容易勝出。

此外，好脾氣的員工往往會主動放棄追求利益的機會，面對不公平的分配行為也會保持緘默。舉例來說，當老闆一直無視於員工的工作成果和貢獻，以各種理由拒絕幫大家加薪或升職時，員工該如何反擊呢？是要忍氣吞聲，還是直接找老闆爭取自己的利益？

對於那些「濫好人」來說，這事情再簡單不過了，他們只需要這樣告誡自己：「我是一個非常正直且稱職的員工，我只要做好自己的事情即可，我沒有辦法控制別人要怎麼做。」

拋開內部的分配和競爭問題，以維護人際關係的角度來看，儘管擁有一副好脾氣會讓人看上去更受歡迎（至少從表面上來說是如此），但是逆來順受的個性也容易被其他人當成可以隨時利用、施加壓力的對象。那是因為好脾氣的人會盡心盡力完成自己的工作，順從主管的任何指示，還會幫同事做各種雜事，花大量時間來建立所謂的人脈（但這樣建立起來的關係通常非常脆弱），這些表現會帶給其他人「這些好脾氣的人向來逆來順受，可以接受任何不公平待遇」的印象。一旦他們沒有辦法擺脫或者拒絕那些麻煩，就會有源源不斷的麻煩找上門來；當某個人被貼上「好好先生／小姐」的標籤時，那些競爭者幾乎就會嗅到他的味道。

此外，從競爭的角度來看，好脾氣的人並不善於與人爭奪資源和機會，他們缺乏主動推銷自己的能力，缺乏與人直接競爭的勇氣，缺乏做回自己的魄力，更缺乏主動提出訴求的態度，然而競爭卻是職場生存的基本模式。在一個「會吵就有糖吃」的時代，好脾氣的人往往會自動閉上嘴巴。

對於好脾氣的人來說，他們的缺點幾乎和優點一樣鮮明，而這些缺點會讓他們喪失競爭的優勢，錯失更多的機會。美國著名棒球教練利奧．杜羅赫（Leo Durocher）於一九三九年在描述場上對手時，說了一句名言：「看看這些人，他們都是好好先生，但他們會落在最後，好好先生們的排名總是在最後面。球場上不需要好好先生，有強烈求勝欲和競爭意識的球員，才能贏得比賽。」這句話用在各行各業、不同領域都是成立的。

由此可見，那些所謂好脾氣的人，並不是職場上的幸運兒，反而可能是辦公室裡最吃虧的人，因為無論是在薪資待遇還是人際關係上，他們都很難占到優勢，還會經常成為被人利用的工具，其實是職場上的弱勢群體，而這會使得他們在應對生存壓力時需要付出更多的努力和代價。

26

勇敢追求應得利益，才能保護自己

我們每一個人都需要生存和發展，因此在考慮集體利益的同時，也必須考慮自己的權益，美國心理學家馬斯洛（Abraham H. Maslow）所提出的需求層次理論，就清楚點出人類固有的欲望特徵，而這些欲望就代表了我們所追求的自身權益。

如果從生存的角度來說，追求並保護個人根本利益顯得至關重要，這些權益可能是短期利益，也可能是長期利益。面對不同的目標，我們應該採取不同的策略，例如在追求短期利益時必須快、狠、準，而在追求長期利益時，可能就需要適當的做出忍讓和妥協，但是目的仍然是確保自己的權益獲得保障。

很多人認為，一些商業合作夥伴之間的讓利是一種分享，是利他主義，但在本質上，這些讓利行為其實是建立在投資的基礎上——讓利可以鞏固彼此關係，合作的雙方都可以借助這種關係來營利。在人際關係中常常也是如此，我們不能否認利他主義的存在，可是在很多時候，大家所認為的和諧或利他，可能只是自己為了謀取長遠利益所採取的手段。而且，我們通常也需要先滿足自身利益之後，才會有實力和意願去幫助其他人，才能真的實踐利他。

舉例來說，非洲有種植物在成熟後會釋放一種特殊氣味，吸引田鼠來吃掉自己的果實，等田鼠吃掉果實後，會再排泄出果實中的種子，就可以間接幫助這種植物繁衍後代。所以當田鼠出現在什麼地方，就可能將種子帶到什麼地方，而這種植物就可以隨著田鼠的腳步，在不同的地方生存和繁衍。

在人類社會中這樣的例子屢見不鮮，所有事情的背後都有合作機制在發揮作用，而這種合作機制，本質上就是為了讓自己實現目標。大多數人不會無緣無故幫別人做事，大家之所以願意付出，多半是因為這些付出會帶來可觀的回報。

在大多數時候，追求個人利益是優先選擇，而在追求個人利益時必然會涉及各式各樣的衝突，包括與競爭者之間的利益衝突、與合作者之間的利益分成、與客戶之間的結算等等，這些行為都會損害個人利益（就算是公平分配也意味著自己會失去一部分利益）。但有時候，保持堅定立場及對利益的堅持，是自我保護以及促進自我發展的關鍵。

如果想要有更進一步發展，就需要向外求，若是這種外求發生在職場中，有關個人利益部分，可能更容易引發爭議。畢竟在職場這種競爭激烈的環境裡，表面上看似優勝劣敗，其實這些表象背後，隱含著很多特殊的競爭模式。

這些「檯面下的競爭」，有時是以合作的方式出現（虛偽的合作）；有時候則會以對抗的形式出現；有時候一些缺少交集、看似八竿子打不著的人，也會暗地競爭，偷偷放冷箭……但無論如何，競爭者最好還是遵循規則行事，確保給他人留下一個好印象，可這並不意味著妥協和退讓，並不意味著要將利益拱手讓人，在必要的時候，還是應該明確自己的立場。

那麼，該如何在追求個人利益和確保不傷害他人之間保持平衡？我們必須先弄清楚三點：第一，自己的行為會產生什麼影響？第二，別人的行為會產生什麼影響？第三，如何規避負面的影響？

「自己的行為會產生什麼影響？」是生存中會遭遇到的基本問題，必須優先思考。我們在追求個人利益的時候，多半會對別人和自己產生一定程度的影響，這些影響會迫使我們慎重思考應該採取什麼樣的行為去應對。像是如果發現自己在追求權益時可能會損害他人的利益，或是讓自身形象受損（會讓人覺得自己很自私），那麼我們就可能會選擇放棄追逐自己的利益，或者轉變成低調、不那麼明目張膽的逐利。

「他人的行為會產生什麼影響？」是指我們對其他人言行的評估，並透過評估來思考自己下一步該怎麼做。如果他人的行為對自己有利或不構成傷害，那麼我們會從一開始就認同這些行為；但如果他人的行為會影響或傷害到自己的權益，那麼我們就會考慮是否要做出回應，以及如何做出回應。

「如何規避負面的影響？」是指對於外在壓力的回應。當自己的行為會產生負面影響，或是別人的行為對自己造成壓力，我們就會迫不及待的想要改變現狀。像是在受到他人侵犯時，有的人會為了維護自身權益而提出抗議，可是也有人會為了不把關係搞得太僵而適當做出妥協，但是同時也讓對方知道自己的底線。

勇於追求個人利益才能自我保護，而那些「好好先生／小姐」或是純粹的利他主義者，卻有可能會因為過分善良，而在別人挖的洞裡越陷越深。因此在職場上，既要勇敢追求自己的權益，同時也要懂得觀察、分析和衡量，看看這樣做對自己有沒有幫助，能不能夠帶來短期或長期的利益。

如果不經過分析就貿然幫助別人，充當利他主義氾濫的好人，就可能會被他人利用。當然，在追求利益時不能以損害集體利益為代價，必須堅持以集體利益優先的原則，必須懂得尊重別人的合法利益，這是最基本的前提。

27

輕易滿足是進步的頭號敵人

無論生活在哪個國家，從事哪種行業，或身處哪個階層，大家都必須面對自己的工作，也常受制於階層體制，阻礙或限制我們追求行業和能力範圍之外的事情，這種情況可以稱為「階層之牆」。

俗話說：「人往高處走，水往低處流。」我們每個人都在努力往上爬，但人性中的安逸念頭，又會使我們不斷的適應環境，削弱冒險的欲望，心裡想著：「我擁有的已經夠多了」、「我已經滿足了」、「我現在的生活很不錯了」、「我不想在平穩的環境中過度冒險」——階層之牆就是在這樣的情況下控制了大多數人的思想和行為。

當我們獲得一定的滿足之後，階層之牆就會產生效應，慢慢阻斷視野、銷磨意志，此時我們就會不斷向自己發送「做人要知足」的信號，甚至還會將這種想法傳給身邊的人。這時我們已經習慣了固定的工作、固定的環境、一成不變的生活習性、逐漸封閉的交友圈，躲在自己的舒適圈中，開始害怕冒險。

當有人前來要求占有更多利益時，我們會欣然接受，並覺得「我已經享有很多利益了」；當有人要求掌握控制權時，我們會覺得自己沒有必要貪圖權勢；當有人希望轉讓機會給他時，我們也會覺得少一次機會也沒什麼關係。但是，儘管好脾氣讓我們表現得與世無爭、處處讓步，沒有太大的野心，更不會對他人的利益造成威脅，可是缺乏冒險精神、清心寡欲的態度，也會讓我們變得更加軟弱，最終喪失基本的抵抗力。

這就像是一個人在工作上如果只追求時薪一百五十元，並且一直都很滿意這個薪資水準，那麼可能會出現兩種情況：第一種是，他每小時所創造的價值永遠只會比這價格更高一點，但是這樣的工作能力和價值無法讓老闆滿意，因此他很快就會被辭退；第二種是，他只追求時薪一百五十元，而老闆卻不斷要求他做得更多更好，達到長期剝削的目的。無論是哪一種情況，習慣於滿足的人最終都會自縛手腳。

需要記住的是，這個社會始終不斷變化，職場上的分配遊戲也會一直繼續，一個人如果壓抑著自己的欲望，就等於提前退出競爭，這個時候他將會在分配遊戲中逐漸被邊緣化，而自身獲得的權益及資源也會在不斷重新分配中漸漸被剝奪。相反的，只有那些渴望獲得更多、願意繼續冒險的人，才能夠適應新的環境，迎合時代的發展，因為他們擁有強烈的自我成就、自我實現的意識，這會推動他們不斷前進。

擁有成就意識的人常常表現得野心勃勃，總是想著要有所作為，企圖取得更大的成就，這樣的人不會輕易接受目前的分配機制，也不會輕易滿足於現有的一切，而是一直想辦法獲得更多，或者渴望有更大的建樹。

在他們眼裡，每一天都必須獲得有形的成果才會滿足。在野心和欲望的推動下，他們會變得更加努力及強勢，會每天都處在往高處爬的狀態。他們不滿足於現有的目標或是他人設定的規畫，也不滿足於已經獲得的東西，他們就像饕餮一樣，胃口十足。

有追求的人總是希望自己能夠在別人的眼中與眾不同，希望獲得真正意義上的「認可」，他們非常期待自己的意見和觀點能夠受到重視，所以有時候會表現得更加強硬、自我一些。他們更樂於推動自己向前，並將自己的工作當成生活方式，而不僅僅是一項職業。他們不習慣聽從他人的指示，不習慣受人擺布，在他們的個人計畫中寫滿了「我的目標」、「我的想法」、「我的執行計畫」。

儘管為了達到不斷提升的目的，他們有些過於強勢或進取的行為，會對周圍的人造成壓力，但他們不會因此就輕易收手。不可諱言，適度的「貪婪」是有好處的，畢竟整個社會的發展就是由人類的欲望來推動，有時候表現得自信強悍一點，會幫自己創造出更大的生存空間和發展機會。因此每個人都應該有一個屬於自己的成就目標，並且熱中於追求成就，才能讓人更有上進心，也更容易適應日益變化的環境。

28

不要為他人的錯誤埋單

李是一家公司的員工，脾氣溫和，總是帶著靦腆的笑容。不過這種微笑並沒有給他帶來好運，每一次團隊出錯，他都是被老闆罵得最慘的那一個，儘管他的工作比很多人要好得多，但是相較於其他人，老闆似乎更喜歡拿他來出氣。

有一次團隊工作又出問題了，老闆劈頭就把他罵了一頓，還對他做出侮辱性的手勢，對於任何一個正常人來說，誰都不可能容忍這種侮辱人格的事，極有可能甩門而去，或者將一大堆資料狠狠摔在老闆的辦公桌上，大聲說：「我不幹了！」但是李卻和以往一樣，什麼也沒做，只是默默的被罵。

同事們都覺得李的人品不錯，但對他的看法也僅此而已，事實上李的人際關係並不好，在辦公室裡只有少數幾個談得來的朋友，大部分的人都認為他是一個懦夫，每當工作出紕漏時，大家都會把所有責任推到他身上。

在職場中總會遇到像李這樣的人，他們外表看起來可能高大威猛，也可能瘦弱不堪，可能能力出眾，也可能只是一般小職員，但是他們有一個共同的特點，那就是典型的替死鬼。在團隊中，他們的地位最低，受的氣也最多，每當要追究責任時，大部分的錯都會跑到他們身上。

一般來說，剛進公司的新人比較容易成為大家欺負的對象，不過會形成這種像是「職場霸凌」的情況，通常和個人的性格、心態、脾氣有關，有些人天生就是濫好人，或者害怕麻煩上身，因此總是對外來的一切壓力保持逆來順受的態度，久而久之，大家也就習慣將壓力和責任推到他們身上。

有家公司由於最近一季的銷售業績下降了一九%，於是老闆召開檢討會議，希望各部門可以找出原因，並提出解決問題的方案。會議一開始，市場部經理就認為公司的銷售策略和方法沒有太大問題，問題可能在於新產品缺乏新意，因此很難在市場上占據競爭優勢。

研發部經理聽了這番話有些不高興，立即站起來辯解：「第一，我們的研發能力沒有任何問題；第二，我們都是根據市場部提供的最新資訊來發想產品；第三，研發部最近的預算很少，之前申請的研發經費財務部一直沒有核發下來，這也會影響我們研發的進度。」

眼看研發部把球踢過來，財務部經理也開始生氣的說：「公司的資金本來就不充裕，如果大家都來要錢，公司恐怕早就倒了。我覺得，行政部做的事情不多還要申請那麼多費用，這也不合理，他們根本不需要這麼多預算。」

行政部的員工其實並不多，平時申請的費用也最少，可是行政部經理平時說話就沒有分量，也不敢得罪其他部門的主管，於是低頭默不吭聲，結果老闆怒火中燒，將行政部經理訓斥了一頓，認為他沒有管理好自己的部門，導致公司資金嚴重浪費。最後老闆拍板定案：「從下個月起，行政部每個月的經費減少三五％、裁員二〇％。」

有老闆在工作中出了紕漏，他認為是祕書沒有提醒自己；有員工工作不順，卻怪罪是隔壁同事打鍵盤的聲音太大。這些推卸責任的理由往往非常荒謬，但就是會有倒楣的老實人為此而挨罵。

職場上常見這種踢皮球的現象，大家並不在乎事情是哪裡出差錯，也不在乎老闆要拿誰來開刀，只要責任最終不是落到自己身上就好。在這種遊戲中，那些沒有實力且沒有脾氣的人往往會成為最後的替死鬼，承擔並不屬於自己的責任。

很多企業可能都存在這樣的現象，總有一些人會被同事、老闆拉出來墊背，而那些倒楣鬼由於害怕得罪人、害怕失去工作，往往會選擇承擔責任。

雖然許多公司一再宣稱要做到權責分明，但是實際執行的過程中，總有人會為別人的錯誤背黑鍋，他們也許認為只要自己息事寧人，忍一忍就會過去，可是這樣做並不會贏得他人的好感，也不會因此獲得更多發展的機會，反而會讓自己的角色越來越尷尬。

此外，這樣做不僅會導致問題無法從根本上解決（畢竟究責的方向和對象都弄錯了），還會助長職場霸凌。所以，於公於私，為他人無故背黑鍋的「好心人」都應該站出來說「不」！

真正的好員工，應當有責任感，要勇於承擔相關責任，但是自己沒有做過的事，就不應該承認，以免惹禍上身。

真正的好員工，當有人為了逃避責任，選擇轉嫁責任，將錯誤轉移到別人身上，面對他人的栽贓，千萬不要忍氣吞聲，應該果斷進行回擊，拆穿對方的謊言。

真正的好員工，面對有些人在犯錯後害怕受到懲罰，或者擔心形象受損，會請求他人幫忙承認錯誤，對於習慣當「好好先生／小姐」的人來說，面對這些無理的請求，應該予以拒絕。

總而言之，職場裡很多地方充斥著利益爭奪，任何人想要好好生存下去，都要擺脫逆來順受的態度，在涉及自身利益和生存安全的時候，必須展示出強勢的一面，這才是自我展示及自我保護的最好方法。

29

帶點態度是職場防身利器

一家研究機構曾做過一個有趣的調查，研究人員觀察一百五十位來自不同企業的員工，了解他們進入職場後的工作習慣。研究人員將新進人員分成了兩種：第一種是膽小怕事、有求必應的人；第二種則是不肯輕易就範、堅持自己主張的人。

第一種員工占了八五%，他們做事非常勤快，願意幫資深員工做各種事情，結果五年之後，他們之中大多數的人都多次跳槽和離職，而且擺脫不掉被同事呼來喚去的命運。

第二種員工人數不多，他們脾氣不太好，從一開始就帶著很強的戒備心，不會輕易答應幫資深員工做違反公司規定的事，更不會做對自己不利的事情。他們一開始遭受了老鳥們不少打壓，可是熬了四五年之後，有很多人都獲得提拔，甚至成為公司的中堅幹部。

研究人員發現，職場上有很多老鳥擁有敏銳的嗅覺，只要接觸一、兩次就能摸清楚對方的性格，知道誰可以欺負，誰不好惹。這個研究結果告訴我們，在工作上需要警惕自己的一言一行，尤其是對初入職場的人來說，這就像是一堂考試，我們留下的第一印象非常重要，直接關係到以後的生活、工作以及人際關係。但面對這麼複雜多變的工作環境，很多人可能會想：

「我是一個新人，應該保持低調和謙卑才對。」

「公司裡明爭暗鬥那麼多，如果不想自找麻煩的話，還是別人叫我幹嘛就幹嘛吧！」

「我又不是主管，說話也沒分量，最保險的作法就是逆來順受。」

「現在已經不是在家裡或是學校，在公司裡我算哪棵蔥，的確該收斂一下脾氣了。」

而身邊的親朋好友有時也會給一些「保持低調」、「忍氣吞聲」、「磨平稜角」、「隨波逐流」、「壓制壞脾氣」之類的忠告，目的就是不希望我們在公司闖禍。在他們看來，表現得太過強硬、高調或者不配合，都會讓人覺得不舒服，容易遭到同事的打壓，但是他們忽略一點，職場本來就是一個充滿競爭的地方，一開始就完全卸下防備的人反而最容易受傷。

相較之下，那些表現出堅定態度的人從一開始就表明了：「你們不要以為我好欺負，覺得我只懂得妥協。」儘管這種態度有時候會讓人覺得不太友善，很難和平相處，可是對於一個進入陌生環境的人來說，適當表明自己的立場和態度往往很有必要，因為這樣做才能保護自己免受侵犯，而能更從容的適應新職場環境。

百事首席卸任執行長因德拉・努伊（Indra Nooyi）曾經提到，蘋果公司的創辦人賈伯斯在她接任執行長職務時，提供了一個有趣的建議：「有時候，得到你想要的東西的最好方式就是發脾氣。」賈伯斯所說的「發脾氣」，一方面是對下屬發脾氣，另一方面則是針對股東發脾氣，但這種發脾氣不是無理取鬧，而是在講道理且擁有能力的前提下，端出自己鮮明的態度，這是一種威懾的手段，也是一種自我保護的措施，以確保身邊的人不會輕視自己。

- 表明態度並不意味著主動挑釁，或是主動挑戰其他同事的權威，它的最終目的是尋求自保，使自己避免遭受無禮的侵犯。
- 有態度並不意味著與其他人對立，也不是要明確劃清界限，只是不想讓自己捲入不必要的麻煩之中。
- 有態度並不意味著高調和目中無人，而是保有基本自尊，這種自尊並不會對其他人造成實質上的侮辱和傷害。
- 有態度並不表示要不通人情，可以在無傷大雅的事情上妥協和退讓，但是在涉及自身尊嚴和核心利益時絕不做出絲毫讓步。

簡單來說，表現個人的態度是一種略帶防備性的生存策略，這種策略無論是對總裁、執行長，還是基層員工都一樣。儘管這樣的人有時候會讓人覺得渾身帶刺，在人際相處上容易和其他人產生摩擦，但是卻不會因此而遭受惡意的打壓和利用。適當帶點態度，完全可以作為職場上的防身利器。

有人曾將職場中的人分為兩種，一種是草莓族，另一種是榴槤族。草莓族的性情溫和，總是有求必應，雖然他們有時候也會告誡自己不要太順從，可是每當別人開口時，仍然是不懂得如何委婉拒絕。而榴槤族則會非常直接的告訴對方「我現在很忙」、「這件事我也無能為力」，他們更加專注於做自己的事，對於其他事務並不那麼熱心，面對別人習慣性的依賴行為和利用，更會直截了當的拒絕。

草莓族在事關自身福利的事情上容易做出讓步，比如當公司無緣無故提出削減福利時，他們可能會表態尊重公司的決定，儘管這個決定讓他們很受傷，可是他們並不會因此而提出抗議，最多只是私下向朋友們抱怨和訴苦。因為在他們看來，任何冒險的舉動都可能會導致不良後果。但榴槤族則會選擇站出來與公司抗衡，無論是為了維護自身權益還是照顧其他員工，他們會直言不諱的表達不滿，擔當起堅持主張的責任。

在談判桌上，草莓族和榴槤族的表現也大不相同。當客戶提出降價要求時，草莓族會因為對方的強硬態度而妥協，他們可能會說：「我回去和老闆商量一下」，但是這句話一說出口，在氣勢上就已經輸了一截，之後想要守住底線更不容易。而榴槤族則會強硬的表態：「對不起，這是公司的規定，也是我們的底價了。」他們不會輕易改變自己的立場和原則，因此能夠牢牢掌握住談判的發球權。

從整體表現來看，草莓族很溫和，而榴槤族帶刺，但其實榴槤族不會輕易得罪人，對其他人來說是無害的存在，但是他們比好脾氣的人更懂得如何自保，在應對外在的威脅和壓力時，他們會表現得更加警惕。因此，從生存的角度來看，做個榴槤無疑要比當顆草莓更具優勢。

30

拿出實力，讓自己說話有分量

發脾氣常常會被認為是無理取鬧，或者是沒修養的表現，而有的人發脾氣卻能引起別人的重視或讓人信服，是因為他們的質疑、否定和批評比其他人更有權威感。儘管這些表達方式同樣讓人感覺壓迫，但是權威和單純的亂發脾氣完全不同，權威是從能力上給予別人壓力，而不單純只是地位或權力上的優勢而已。權威性很強的人往往不怒自威，讓人覺得不易親近或脾氣很壞，但是實際上卻可以有效影響他人。

高級工程師可以針對某個研發專案提出各種意見，是因為他在研發領域是權威，對於如何設計產品、提升技術有最大的發話權，對於不合理的設計方案也有足夠的權力予以否定。

專案經理可以在會議上大動肝火，是因為他擁有專案管理和專案經營的經驗，在專案工作上他說的話就是權威，這種威信往往能夠有效隔絕反對的聲音。一個不可忽視的現實是：在生活中，那些能力強的人往往更有本錢說出自己的想法，他們所強調的事情也就更容易引起他人的關注。

從某種意義上來說，我們應該用更強大的能力來保障自己說話的權力，但是這並不代表能力平平的人就沒有資格表達意見，甚至發脾氣（發脾氣是每一個人的權利，也是一個人正常的情緒表達），但出色的個人能力會讓我們所說的話更有可信度，也更能取得對方的認可。

美國新聞網站石英財經網（Quartz）曾經發表一篇文章，抨擊《賈伯斯傳》的作者華特・艾薩克森（Walter Isaacson），認為他的書是「給那些為自己壞脾氣尋找通行證的老闆們的手冊」。實際上，這篇文章的評價有失偏頗，但是卻也點出了一個現象：艾薩克森對於賈伯斯的神話描述更造就了一批拙劣的模仿者，很多工作者開始模仿賈伯斯的脾氣，主張應該像他一樣高高在上，可是這些人大都缺乏天賦、能力平庸、毫無任何魅力可言，結果導致為人處事一塌糊塗。

所以，真正的問題並不在艾薩克森或賈伯斯身上，而是那些拙劣的模仿者，這些人沒有問問自己是不是和賈伯斯一樣出色？一樣天賦異稟？大家沒有想到，就算賈伯斯不發脾氣也一樣讓人覺得強勢，可以輕易影響別人。那是因為賈伯斯擁有很強大的個人能力，會站在更高的角度看待問題，能夠想到別人沒想到的事情，還經常提出更多更高的要求。這些表現都足以讓賈伯斯成為代表整個蘋果公司的最大權威，甚至是整個手機產業的權威。

想像一下，一個能力平庸的人總是對其他人指手畫腳，或是一個什麼也不會的人卻到處指責別人的工作，會出現什麼效果。那些資質平庸的人如果刻意去模仿能力強的人，可能會讓自己陷入尷尬的處境，最簡單的例子莫過於談判。

當公司決定削減年終獎金時，一個能力平庸的員工和一個公司精英同時提出抗議，誰的說服力比較強？老闆會比較聽誰的抗議？要求老闆加薪時，能力強的員工和能力較差的員工，誰會比較從容？

一個人如果對公司沒有任何貢獻，或是沒什麼能力和價值，那麼他在公司裡就很難有發言權，甚至可能沒有開口的資格，他即便是發脾氣也沒什麼用（這裡需要注意的是，發脾氣的最終目的並不是釋放情緒，而是加強溝通，是向對方傳遞自己的不滿，以及期望對方做出調整），而且他情緒化的表現所產生的負面影響可能更大。

有能力的人往往有更多本錢與他人討價還價，有更多權威展示強硬的立場，而平庸的人缺乏這種氣勢，儘管只是想維護自己的權益，強調和保護自己的立場，但是在其他人眼中都是不值一提。從結果來看，能力的高低會決定說話的效果，能力越強，溝透過程中的影響力也就越大。如果沒有強大的個人能力做後盾，一旦脾氣發作，很有可能會讓別人留下「能力不大，脾氣不小」的負面形象。

有個員工在公司裡待了兩年，可是薪水一直沒有增加，其他一起進公司的同事幾乎全都加薪升職，為此他準備殺進老闆辦公室直接開口要求，但是被朋友攔了下來，苦口婆心勸他再等一年看看，這個人聽從朋友的勸告，在公司裡多待了一年。

某一天朋友對他說：「你現在可以去找老闆要求加薪了，如果他不同意，你就準備辭職。」這個員工非常好奇：「為什麼你之前不讓我去要求，現在又要我用辭職來威脅老闆加薪？」

朋友回答：「因為你那時還沒有做出成績，沒有足夠的籌碼去談條件，貿然開口可能會失去這份工作。經過一年你的能力變強很多，也慢慢受到器重，現在去要求加薪會更有說服力。」這個員工聽了朋友的話，決定去找老闆談一談，結果老闆果然非常爽快的答應加薪。

無論在什麼行業、什麼場合，我們最終還是要靠實力來說話，強化自身的能力，提升個人權威和影響力，才能避免被人左右。

勇敢準則 ❻

成為有態度的人，

才能提升個人權威，真正發揮影響力。

人與人之間的交流，

其實都是一種賽局（又稱博弈）的關係。

而在賽局中，要避免因為好脾氣而吃虧。

chapter

07

想要贏得賽局，
就別想做濫好人

07

31

聰明也是成功的一種特質

很多人經常會自怨自艾：「我這麼努力，為什麼賺不到錢？我付出這麼多，為什麼還不成功？」一個殘酷的事實是，財富、權力永遠集中在少數精英手中，大部分的人都只能淪為平庸。

每個人都有追求美好生活的願望，不斷督促自己努力工作、創造財富，希望能夠以此來改善自己的生活，這是社會財富不斷流動的原始動力，在這個過程中，只有最具競爭力的人才能夠贏得資源。

這種競爭力不僅僅展現在個人硬實力上，也出現在智力的比拚上，許多成功人士並不是一出生就坐擁千萬財富，也不是一開始就有貴人扶持及優質的人脈圈，而是依靠自己的聰明才智，一點一滴把握住機會，才擁有令人稱羨的財富與地位。

聰明的人往往能夠協調好集體利益和個人利益，無論做什麼事，他們在保障集體利益和他人利益的同時，都會嚴謹的將所有事情盤算一遍，以確保大家的利益不會受到絲毫損害之外，還能為自己爭取更多應得的利益。

相較於「好人」的老實作風，聰明的人表現得機智一些，無疑可以提升生存的機率，畢竟在激烈的競爭環境中，如果不能聰明的做出計畫，安排好自己的生活、社交及工作，那麼最終吃虧的只有自己。

大多數人可能會戴上有色眼鏡來看待「聰明」，覺得一個人太聰明會有不可靠、耍心機的感覺，但聰明多半是與生俱來的一種特質，確保他們懂得如何迴避或排斥那些侵犯自己利益的不合理行為，而不是一味的採取包容姿態。

廖先生的個性非常講義氣，多年前就和朋友一起創業，生意也越做越大。不過他的這個合夥人，做事的時候總喜歡偷懶，而且比較貪財，經常私下多拿走公司分紅。合夥做生意是兩個人的事，雙方都付出了心力，朋友的作法顯然違背了合作原則。

為了不影響雙方多年的交情，廖先生對於朋友的行為，也是睜一隻眼、閉一隻眼，並沒有多說什麼，他知道這個朋友的家庭負擔比較重，比自己更需要錢，所以一直都選擇寬容，來面對合夥人的自私行為。

一年之後，廖先生發現朋友「貪」走的分紅越來越多，他終於感到有些為難和不安，畢竟大家做生意都是為了賺錢，不可能永遠都對朋友的貪婪保持寬容之心，否則以後的合作就會陷入僵局。

不過，廖先生並沒有氣憤的找朋友理論，而是想了一個辦法：他以確保公司穩定營運為由，聘請了一位會計，詳細記錄每一筆收入和支出，這樣一來，廖先生和朋友每一筆從公司支出的錢都會留下記錄。

不僅如此，廖先生還設下了規定，每個人、每個月從公司申請支出的錢，都不能超過當月薪水的一半，如果有特殊情況必須超額預支，需要和公司幾位主要股東商量過才行。這樣一來，朋友每個月從公司取走的錢變得有限，而且每一筆錢都有了詳細的記錄，到年底分紅時一目了然。

其實，我們的生活中也有很多像廖先生這樣的人，他們懂得如何把握自己的機會，相較於其他人，他們更善於掌握生活的主導權。像是一些比較精明的家庭主婦，對於家庭生活的計畫和管理都井井有條，而且很會精打細算，整個家庭的資金流動和使用情況都很合理。而那些脾氣很好、為人過於老實的家庭主婦，由於不懂得討價還價，也沒有出色的理財觀念和管理技巧，家庭財務就很容易出現問題。

人們通常會批評那些聰明的人斤斤計較，但聰明卻是成功者所具備的一個重要特質，如果沒有這種「斤斤計較」，將會失去更多機會。那些擅長分析和討價還價的人，會在做事之前進行精確謀畫，使得他們更加擅長整合身邊的資源，也更具有創造力；至於老實人，通常只會被動接受分配，漸漸喪失進取心。

許多人都認為人應該懂得示弱，懂得裝傻，殊不知，「傻」其實是最聰明的策略，那些主動示弱、主動吃虧的人，如果能更進一步做出更合理的規畫及長遠的思考，他們的付出和退讓就會變成投資，從單純的濫好人變成聰明人。

心理學家認為，人類的一切行為動機都根源於兩種情感：一種是快樂，另一種是痛苦。會覺得快樂是因為有所收穫，而痛苦的出現則在於失去以及無所得。如果將一切歸結為是否能夠「獲得」，那麼我們在選擇做什麼以及怎麼做的時候，就會思考該怎麼做才能把效益最大化，或是說，如何才能體驗到最大的快樂，而聰明的人善於進行這樣的思考，也就能獲得最大收益和快樂。

32

善用賽局規則，弱者也能掌控局面

曾有科學家做過一個實驗：他們在豬圈裡放進一頭小豬和一頭大豬，並且在豬圈的一端設置豬食槽，另一端則安裝一個按鈕。每當有豬在按鈕上踩一下，就會有十份食物掉入豬食槽，由於踩按鈕的豬必須從豬圈的一端跑向另一端才能吃到食物，這段距離的代價相當於兩份食物。

舉例來說，如果大豬踩按鈕，小豬率先跑去吃，大小豬吃掉的分量分別是六份及四份，但踩了按鈕的大豬必須付出兩份食物作為消耗，因此純收益為四份食物，小豬依舊是牠原先吃掉的四份食物不變。

如果是小豬去踩按鈕，讓大豬先吃，那麼雙方的食量會變成大豬九份、小豬一份；此時小豬吃到的分量，還不夠牠從一端跑到另一端的代價。

如果大豬、小豬一起行動，也就是同時踩按鈕、吃食物，那麼雙方食量比例大豬七份、小豬三份。此時，雙方都要扣除兩份食物作為代價，純收益會變成大豬五份、小豬一份。

透過分析以上幾種情況，大豬和小豬之間存在著很明顯的競爭關係，顯而易見，小豬在這個賽局裡處於弱勢，是應該選擇用等待、「做好事」，盡心竭力的幫大豬踩按鈕，還是選擇其他策略呢？

從利益最大化的角度來看，小豬最好的選擇就是站在豬食槽旁邊當旁觀者，讓大豬去踩按鈕就好，這麼做或許很賴皮，但對小豬來說卻是最佳的生存之道，因為可以得到最高的收益四份食物（如果大豬也不踩按鈕，小豬的收益為零），若是牠選擇去踩按鈕，收益可能只有一或是負一。反觀大豬，不管是誰踩按鈕，牠的純收益都比較高，分別是四、五、九份食物。

所以，小豬不踩按鈕是最合理的選擇，而大豬會迫於巨大的收益誘惑而選擇去踩按鈕，這就是知名的「智豬賽局」或譯「合理的豬賽局」（Boxed pigs game）理論。在這個遊戲規則中，小豬雖然表面上處於弱勢，卻占據了更大的心理優勢，因為在這場食物爭奪戰中，小豬可以盡情耍賴，放棄「做好事」的態度，而大豬完全沒轍。

這種「搭便車」的策略在生活中很常見，像是甲、乙兩個人都準備對付丙，想要占有丙的資源，但競爭也會讓他們付出相對的代價。舉例來說，甲、乙兩人會面臨三種不同的選擇：是力量較強大的甲先進攻、實力較弱的乙先進攻，還是兩人同時進攻。

如果甲、乙同時發動攻擊，甲因為較有實力，將會贏得較多的資源；如果甲率先進攻，乙作為後援部隊，那麼在甲的實力受到損害時，乙乘虛而入，可以不費吹灰之力就占據更多資源；如果是乙率先攻擊，可能會在拉鋸戰中消耗大量能量，而作為後援部隊的甲就可以實現利益最大化。

實際上，甲覬覦丙的資源更甚於乙，也更需要借助那些資源來提升自己的實力，面對這種情況，乙就可以運用「智豬賽局」的模式，堅持擔任後援部隊的角色，從而確保自身利益得到更大的保障。雖然乙的作法有些不近人情，甚至有「奸詐狡猾」的嫌疑，但是相較於為人作嫁的當濫好人，適當使用一些聰明的賽局策略來保護自己的利益，才是明智之舉。

或許有人會從「道德」的角度來批判乙，認為乙不夠厚道，但若是以「厚道」來定義生存策略，那麼恐怕大多數厚道的人都會遭遇挫折，因為甲或許也會毫不猶豫的做出同樣的選擇。在現實生活中，許多弱勢群體習慣了做個「濫好人」、「老實人」的角色，習慣了按照別人的遊戲規則行動，習慣了為他人犧牲，這會讓他們進一步喪失主導權。

為了保護自己，我們每個人都應該做出最合理的決策，適當讓自己變得聰明一些也無可厚非。這種聰明首先會展現在精準把握遊戲規則，一個聰明的人不一定要想著如何耍詐，也不需要運用不道德的手段逼他人就範，有時候看透規則後善加利用，就是最好的作法。

對於這些賽局的運用技巧，只要不違背法律，不會對社會造成不良影響，那麼就沒必要有所顧慮，如果一直背負著「好人」的包袱，最終吃虧的還是自己；因為不管任何人，都是會優先維護自身利益。

在多數情況下，規則都是由強者來制定，對於弱者來說，抓住有限的規則優勢為自己謀取利益無可厚非，這是弱者的求勝之道，也是將弱勢轉化為競爭優勢的策略。在利用賽局理論時，有些技巧和原則必須掌握：

首先，要抓住自己的利益點，這是最關鍵也最基本的原則。在一場賽局中，人們往往有很多選擇，不同的選擇決定了收益的大小，在智豬賽局中，小豬可以選擇踩按鈕，也可以選擇什麼都不做，但牠只有做出最正確的選擇才能確保獲得最大化的利益。

其次，要改變陳舊的「濫好人」觀念。不要總是認定只有當個任人宰割的「好人」，別人才會尊重自己，才會給予自己更多的好處，有時候要聰明一些，學會主動利用遊戲規則為自己謀取利益。

最後是要適當保持平衡。這裡的平衡是指對利用規則的限度，在智豬賽局中，小豬雖然掌握了主導權，可是如果牠過度使用規則帶來的便利和優勢，可能會引起大豬的不滿，讓大豬也選擇什麼都不做，最後導致雙輸的局面——兩隻豬都吃不到任何食物。

對於任何人來說，找到對自己有利的規則，然後把握好分寸，按照規則做事，才是保障自身利益的最佳方法。

33

凡事留一手，有心機才不會落入陷阱

張先生希望好友李先生星期天凌晨開車送他去機場，張先生可以直接提出這個請求：「你可以在星期天早上五點送我去機場嗎？我知道時間很早，天氣又這麼冷，但是我也沒有辦法，這個時間很少有計程車願意跑機場。」

李先生或許會答應，也可能會直接找個理由拒絕：「真是不好意思，我星期六要去岳母家一趟，可能星期天晚上才會回來，沒辦法送你去機場，你找其他人送你去吧！」

為了避免李先生用這種藉口拒絕，張先生從一開始就應該改變策略，可以這樣開口：

「老李，你星期天有事嗎？」

「沒有啊，怎麼了？」

「那天你能不能送我去機場，我要出差。」

「好啊，你的航班幾點起飛？」

「早上八點。」

「八點還滿早的，那我七點送你到機場。」

「我希望早上五點就到機場。」

「五點？這也太早了吧？」

「因為我手上有一份資料要交給主管，他星期天也要出差，但是他的飛機是六點十分起飛，我必須在他辦理登機前交給他。」

「是這樣啊，那好吧！」

從這兩段對話可以看出明顯差別。在第一段對話中，雙方的交流明確，張先生直接提出請求，且將相關資訊告知對方，李先生可以依據這些完整的資訊做出判斷，從而有很大可能會直接拒絕張先生。對李先生來說，在寒冷的清晨五點去機場，同樣是一件非常痛苦的事情。因此可以說，張先生的坦誠相告，可能會降低自己成功說服對方幫忙的機率。

在第二段對話中，張先生採取適當封閉資訊的策略，透過資訊限制來干擾對方的判斷。首先在談話的一開始，張先生沒有直接提出自己的請求，而是先巧妙的詢問李先生週末有沒有空，等到對方回應說「有空」再提出請求。但是在這份請求中，張先生也不急於說明準確的出門時間，而是只說了飛機起飛的時間是八點，在得到對方的認可後，才又說明是五點要到機場，以及提前出發的理由。話說至此，已經做出承諾的李先生，無法再反悔了。

在第二段對話中，張先生說的每一句話都刻意隱藏了一些內容，這樣可以影響李先生的判斷，誘導對方先做出承諾，直到最後才說出關鍵資訊，而此時對方已經不會輕易改變自己的承諾了。

這是操縱他人思維和行動常見的一種手法，也是賽局的基本手段之一，因為賽局是在既定的資訊結構下的分析方法，且往往受制於兩點：「非理性」和「資訊的不對稱性」。

一個人如果缺乏理性思考，或者認知能力不強，就很難採取最有效的賽局方式為自己謀利。同樣的，一個人如果掌握的資訊少於其他人，那麼他在與他人賽局的過程中，也就更容易出現判斷上的失誤。

這樣的故事是不是看起來並不陌生，因為很多好脾氣的人在生活中就是扮演了李先生的角色，總是被別人牽著鼻子走，因為他們不會保護好自己的資訊。像是當被問到週末有什麼安排時，既不要說有時間，也不要說沒時間，而是要先問有什麼事情，這樣就能避免被利用了。

資訊不對稱是影響賽局結果的重要因素。所謂資訊不對稱，指的就是賽局雙方對於資訊的掌握程度不同，掌握更多資訊的人往往處於賽局的優勢地位。

在日常生活中，誰掌握的資訊多，誰在賽局中就占有優勢。最簡單的例子就是購買商品，通常賣家對於商品的品質、性能、價格等都非常了解，消費者所掌握的相關資訊有限，這樣就會導致他們無法判斷所購買的商品是否划算，賣家更不會「好心」提醒商品的合理價應該是多少，或告知這件商品有什麼瑕疵。相反的，賣家會利用消費者對於商品的不了解進行誤導和誘惑，企圖提升商品的價值。

如果消費者透過其他管道掌握了商品的絕大部分資訊，那麼賣家就不存在資訊優勢，他們在賽局中，就無法利用資訊不對稱的優勢來贏得主導權；而消費者在面對賣家一些掩飾、誇張的描述時，則能夠有效辨別，從而做出更為理性的決策。因此，無論是賣家還是消費者，想要在賽局中占有更多優勢，最好的方法就是掌握更多資訊，並且盡量避免洩漏資訊，以確保自己掌握的資訊比對方多。

許多脾氣好的人比較沒有心機，無論自己做什麼、想什麼，都會一五一十的告訴別人，這種口風不緊、樂於分享的態度很受人歡迎，但也容易過度暴露自己，甚至被競爭對手抓住把柄。

不管是脾氣好或脾氣壞的人，凡事都應該小心謹慎為上，儘管坦誠在人際交往中很重要，但是在必要的時候還是必須要保守一點，隱私、關鍵訊息、對自己影響重大的資訊等等，都最好不要拿出來與人分享，甚至可以在必要的時候釋放一些煙幕彈，提供一些與現實不符的資訊，來迷惑對手的判斷。

有些人也許會覺得不好意思，會認為有事不說，甚至說謊是不道德的行為，但賽局的目的是要獲得自身的最大利益（對於賽局雙方來說都是如此），而想要獲得最大化的利益，就不免會與他人形成競爭關係，這時讓自己表現得更加精明一些，也就格外必要了。

34

醜話說在前面是最實質的激勵

我們在生活中經常會說好話，並且覺得說好話會帶來更加穩定、和諧的人際關係，所以大家多半都很樂意以認同、讚美、迎合的方式來溝通。讚美雖然有助於促進人際交往，但是對於那些一心想著當好人的人來說，嘴裡說著讚美，其實心裡想著的是刻意迎合別人，反而不容易客觀。

讚美是一種比較廉價的交際方式，也符合人們以最小成本贏得最大收益的心理，在他們看來，讚美的一方幾乎不用承擔任何損失，就可以贏得他人的信任。然而事實上，人際關係具備互動性，每一個人的決策和作法都會給自己的交際行為產生相應的結果，過分讚美別人也可能會讓自己背上「虛偽」的名聲，更重要的是，當接受讚美的一方由於過度麻痺而失利，那麼給出讚美的人可能也會受到影響。

醫師為病人動手術前，都會有一套標準流程，像是先說明可能出現的最壞情況，要求病患家屬簽署相關同意書。雖然這些事前聲明都不中聽，卻有效降低醫師在手術失敗後可能面臨的壓力，也給家屬提前打了預防針。

也許很多人會認為醫師很無情，事前聲明是在推卸責任，但是無論是抱持對病患家屬負責，還是對自己負責的態度，將這些不好聽的話說在前頭，都是一種明智的作法。因為如果術前只說家屬想聽的話，一旦出現問題，可能會給自己造成更壞的影響。

因此，在決定做某件事的時候，不要總是抱著支持、鼓勵和讚美的態度，在必要時同樣可以將醜話說在前面，讓對方先做好心理準備。比如朋友準備創業，為了確保對方不會太盲目、太躁進，就需要說出對方可能遇到的問題，像是「我覺得你的想法還不夠成熟，所以有五〇%的機率可能會失敗」。或者可以明確告訴對方：「我在接下來的一段時間都不會幫你任何忙，出了問題也不要找我，一切都得靠你自己。」這些潑冷水的話聽起來很絕情，但是卻會給對方帶來很大的激勵。

趙高閒在家裡沒工作，想要自己創業，朋友們都很贊同，認為他一定可以做得很好，於是趙高就找父親商量，可是父親卻這樣勸告他：「你應該知道現在普遍的創業成功率可能不到三成，你什麼都不懂就想自己做生意當老闆，先去想想自己能夠承受多大的虧損。」被父親潑了一大盆冷水之後，趙高放棄了創業這個打算，改成想要去學習美術，並且認為自己在這方面有很大的天分，將來說不定會有所作為，但沒想到這時候父親又說話了：「我覺得有理想是好事，但是你應該認清自己與那些名家的差距，然後再看看自己有多大的決心，能在這條路上堅持多久。」

面對父親接二連三的否定，趙高非常懊惱，他不明白父親為什麼要一直潑自己冷水，難道自己真的一無是處嗎？父親這樣告訴他：「你做任何事我都會支持，但是如果我也像你的朋友那樣只對你說好聽的話，等到哪一天你真的失敗了，也許會恨我。」聽了這一番話，他才真正明白父親的用心。

忠言逆耳，有些難聽的話往往會產生積極的效果，許多人認為好話會贏得他人的信任，但問題在於好話如果無法兌現，將會成為影響個人聲譽的潛在威脅。假如某人拚命稱讚他人，說他一定會成功，那麼一旦對方失敗了，讚美者的聲音就會顯得格外刺耳。從賽局的角度來說，我們更應該將醜話說在前頭，因為它往往具有很強的提示作用，這種提示在某種程度上會讓說醜話的人產生不好的形象，但是卻能夠避免在日後陷入信任危機。

需要注意的是，當賽局雙方的關係越密切，雙方就越應該坦誠交流、相互激勵及監督，而不是一味的用好話來麻醉對方。相反的，如果彼此並不親近，或者甚至是競爭關係，那麼將醜話說在先，反而可以產生震懾對手的作用，因為這些話多半含有警告、威懾、壓制的意味，會讓對方在行動前知難而退。

舉例來說，當雙方產生糾紛的時候，為了避免對方進一步做出不理智的攻擊行為，我們就應當放下「做好人」的想法，及時展示自己的強勢姿態，像是：

「如果你還要繼續做這件事，一切後果你自己承擔。」

「對於你這咄咄逼人的態勢，我們會採取相應的措施，到時候如果事情變得難以收拾，那就不要怪我了。」

「以後一旦衝突被激化，那我也不會像現在這麼客氣了。」

「有些事你最好還是保留一點，小心將來有苦頭吃。」

以上這些話都具有一定的攻擊性，目的是施加給對方更多的心理壓力，迫使對方停止不友好的舉動，或是帶有侵略性的行為。適當的警告可以有效抑制衝突爆發，同時也是自我保護的一種方式。

其實，生活中的許多衝突都是因為沒有提前打預防針造成的，我們多半只專注於說好話，卻不知道好脾氣的表現往往會導致問題被隱藏起來，這對於雙方的關係都沒有任何好處，只有將可能存在的問題及矛盾說清楚講明白，才不會埋下隱患。很多人認為順從對方的意思，為對方的行為叫好，可以有效避免衝突，但從長遠來看，一味充當好人，以「怎麼做都好」的態度去迴避問題，只會導致問題越來越嚴重。

勇敢準則 ❼

充分掌握「訊息」主導權，才能贏得賽局。

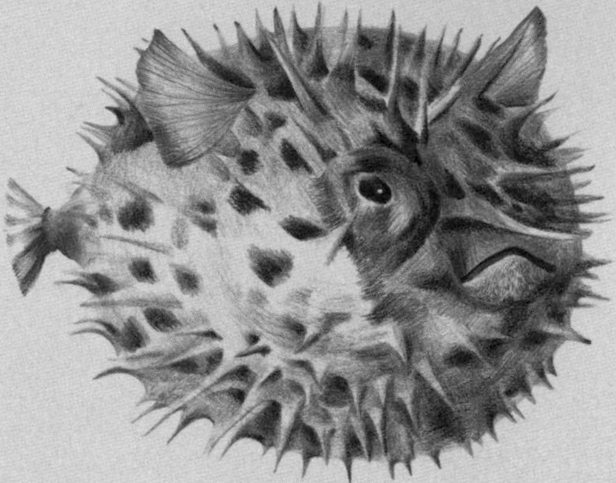

真正的善良並不是溫和、軟弱，也會帶點鋒芒，

同時擁有完整的思考能力，

以及更加出色的人際關係處理能力。

chapter

08

你的善良，
不是他人利用的工具

08

35

再善良，也要帶點鋒芒

最近有個朋友常常問阿豪借錢，阿豪向來是個熱心的人，朋友有難一直都是義不容辭、仗義相助，所以他很快就答應借出一萬元，可是朋友卻執意要三萬元才行，這讓阿豪很為難，因為他不只要還房貸、車貸，加上自己的母親最近生病住院也花了很多錢，能夠出借一萬元已經是他的極限了。

阿豪擔心朋友真的急需用錢，於是不只自己拿出一萬元，他還額外跟別人借了一萬元交給朋友。可是即便如此，朋友也沒有顯得感激或高興，反而還在拿走這筆錢之後，一直在背後說阿豪的壞話，認為他做人太小氣，對朋友不夠仗義。這些話傳到了阿豪的耳朵裡，讓他感到很委屈，明明自己一直都在為朋友著想，為什麼卻換來這樣的評價？

可能許多人都有過類似的經歷，明明自己幫助別人，不求回報，可是對方卻埋怨得到的幫助不夠多，抱怨自己沒有盡心盡力。面對這樣的人，如果還繼續迎合對方，那就是過度善良了。

過度善良是一種畸形的善良，這樣的人非常樂於助人，可是從來不會給自己設下底線，他們通常具備兩種明顯的性格缺陷：其一，過分善良的人往往缺乏明辨是非的能力，在他們眼中，每個人都是好人，每件事都是好事，他們總是願意將問題往好的方向想，誇大事情的好處，所以常常會在被他人利用、算計時，顯得手足無措。

其二，過分善良的人往往害怕得罪別人，美國心理學家萊斯・巴巴內爾（Les Barbanell）說過：「善良的人害怕敵意，所以才會用不拒絕來獲得他人的認可。」許多表現得過分善良的人，其實是缺乏自信心和安全感，他們在處理人際關係的時候會盡量取悅他人，想盡辦法迎合他人的需求，為了避免別人不高興，他們常常會表現得逆來順受、有求必應，他們的「好人」名聲往往是建立在不計代價的付出上。從另外一個角度來說，這種善良也顯得很卑微，缺乏自主意識，容易受到外來壓力的牽制。

美國作家愛默生說過：「你的善良，必須要有點兒鋒芒，否則等於零。」這裡提到的鋒芒實際上就是不妥協的態度，一種明辨是非的能力，更是一種保持獨立的個性。在大多數人眼中，善良的表現是溫和的，意味著無私奉獻，應該不計一切代價為他人著想，導致一些過分善良的人甚至會表現出妥協的一面。然而真正的善良並不是無底線的妥協，或無原則的迎合，而是應該兼顧自身的利益，還需要帶一點兒鋒芒，以便震懾那些不懷好意的人。

有些人會覺得善良的人就是軟弱，因此會無休止的提出各種要求，認為對方的付出是理所當然。對於真正友好的人，我們可以用善良的心去面對，但對於這種心懷不軌的人，就必須有所保留，不要總是迎合與妥協，因為人往往是貪婪的，一旦不斷的收到好處，就有可能會變得貪得無厭，所以善良也需要適可而止。

這種適可而止的善良，可以表現在以下幾個方面：

首先，善良並不是幫別人解決所有問題，而是幫忙解決比較重要的問題，因此善良的人必須拿捏好尺度，不適合、不需要幫忙的事情就要委婉的拒絕，以免自己成為他人依賴的對象，讓對方變得越來越得寸進尺。

其次，我們的善良應該留給懂得知恩圖報的人，如果接受恩惠的人缺乏修養和感恩之心，不僅表現出貪婪，還對別人的善舉挑三揀四，這對於善良的人來說就是一種羞辱。真正善良的人應該有自己的保護措施，雖然善良的舉動並不是為了有所回報，但若是能夠得到對方積極的回應，我們會覺得自己的付出更有價值和意義。要注意的是，一旦自己的善良得到的是冷漠的回應，下一次就該有所收斂。

再者，他們的善良必須建立在原則之上，應該有最基本的評判標準，這個標準可以是法律、道德，或是任何約定俗成的規則。如果他人的行為觸犯了法律、道德，或者違背了大多數人的利益和意志，那麼善良的人就要審視和控管自己的善意，避免自己的善良變成他人作惡的工具。

最後，善良是主觀的行為，而不應該是被動的表達，或是盲目受到他人支配，因此善良的人應該保持獨立的個性，確保自己不會遭到其他人的道德綁架，只要自己覺得不合適，或者不值得給予，那就沒有必要繼續付出。

總而言之，善良是一種具有獨立特質的品行，它源於人的真誠，而非人際關係上的壓迫，因此不要將自己的善良浪費在那些不值得的人身上，它不是可以肆意揮霍的資本，只適合用在需要它發揮作用的地方。也不要讓善良變成懦弱的表現，懦弱、妥協的善良會導致人際關係畸形發展。

相較於完全無私的付出，真正的善良應該要有底線，而且是對事不對人，善良的人必須懂得在何時、對何人果斷拒絕。一個聰明的人不會對所有事情都讓步，也不會盲目的妥協每一件事，更不會將自己的善良隨便用在所有人身上，也不會被任何人牽著走。真正的善良應該帶一點兒鋒芒，這種鋒芒既是為了自我保護，也是為了穩定和平衡人際關係。

36

不要讓善良成爲被人利用的工具

S女士是位充滿愛心的人，她曾經救助過許多貧困家庭的孩子，包括很多讀不起大學的學生。S女士每年都會資助這些貧困學生六千元學費，另外再每個月給他們八百元的生活費，有時候她還會額外多給學生一些錢。

多年來，她一直都在積極幫助那些學生，樂此不疲。不過後來發生的一件事讓她感到心寒。某一天，電視台報導了一則社會新聞，有許多大學生由於聚眾賭博被抓，S女士發現其中竟有自己正在資助的學生，這個學生的家境很不好，有時候甚至會主動跟她多要一些錢，而S女士從來不過問這些錢的用途，所以當看到這則新聞時，S女士感覺自己的善心受到了欺騙。

另一位W女士也遇上相似的情況，她多年來一直都在助養一個家境困難的女大學生，可是每次她提議想去學校找對方碰面吃飯，女學生都避不見面，這讓W女士感到很疑惑。

有一次W女士去逛百貨公司，正巧碰到這位女大學生，竟然發現對方全身穿戴名牌。當下沒有作聲的她後來打聽，才知道原來自己一直資助的女學生把W女士贊助的學費和生活費全都拿來買名牌，還必須貸款繳學費。這讓W女士很難以接受，覺得自己上當受騙了。

善良的心情往往代表同情和幫助，代表對弱勢群體的關懷，代表正義和希望，但與此同時善良也很脆弱，稍微有些偏差，就會淪為他人利用的工具，變成一個容易被人攻擊的弱點。

許多心地善良的人總是不計代價的為別人默默付出，心甘情願的幫助別人解決麻煩，然而事實上，他們的真誠付出可能只是盲目的行為。因為這些人多半不夠了解自己正在幫助的人，對於自己所做的事也缺乏基本的判斷能力，他們都自認為做得很不錯，結果反而落入他人陷阱。

真正的現實是，有很多看起來需要幫助的人其實並不是真的陷入困境，他們的生活沒有任何困難，或者他們有能力靠自己解決問題，只是他們寧願請求別人幫助，因為這樣更快更省事。這種心態會讓他們不僅不會對幫助自己的人心存感激，還會利用對方的善良為自己謀取不正當的利益。

曾有人在網路上發出這樣一則訊息：一對年輕夫妻帶著小孩在地鐵站裡乞討，有個路過的女乘客看不慣這對夫妻的作法，於是開口念了幾句。這對乞討的夫妻非常不滿，開始大聲反駁，認為自己是光明正大的乞討，並沒有妨礙任何人。面對這對夫妻的囂張態度，女乘客反過來譏諷：「你們年紀輕輕有手有腳，為什麼不去工作，要在這裡乞討？」

這則訊息一曝光立刻引發熱議，許多人都回應自己要開始認真思考「善良」的定義，尤其是那些有過相同經歷的人，更是很快就產生了情感上的共鳴。

很多人都曾遇過身體健康、四肢健全的年輕人向自己乞討，或是裝可憐來博取大眾的同情好騙錢，有些人會出於善意或不好意思而給他們錢，就正中了乞討者利用這份善意為自己謀財的下懷，這種利用大家的善良的歪風讓很多人氣憤。

這種愚弄人們善良的變調乞討，從本質上來說就是一種欺騙，在生活中很常見，有愛心的人都容易被這種人盯上，被那些不道德的行為所捆綁。而面對這種愚弄他人善意的人，最好的辦法就是遠離他們，堅決的和他們畫清界限。因為我們之所以對別人好、願意幫助別人，是因為那些人確實需要幫助，而不是為了展現自己的善良而盲目為他人付出；我們願意幫助別人是出於情感上的互動，而不是基於欺騙的前提。

很多時候，善良的人應該問一問自己：對方的為人怎麼樣？對方如何看待你的善良？什麼樣的人值得幫助？什麼情況下不應該幫忙？想要弄清楚這些問題，關鍵在於要確保付出與回報達到基本的平衡，那些認為付出就不求回報的人，則最容易成為他人利用的對象。

從心理學的角度來講，每個人都渴望自己的努力獲得補償，無論是利益上或是心理上的補償，都可以讓人產生成就感。如果一個人只懂得付出而不求回報，那麼他只會專注在自己的善良行為，只關心自己對別人做了什麼、能夠給他人帶來什麼幫助，對於其他事情則毫不關心，這樣會形成盲點，從而更容易掉入陷阱和困境之中。

一個真正聰明良善的人，應該要懂得觀察受助者的反應，透過回饋來評估自己的付出及雙方關係是否合理。尤其處理朋友關係的時候，也要衡量自己的付出是否能得到對方尊重。人們會依據他人的回饋來行動，而這也是自由意志的表現，也就是說，當一個人不注重觀察，或者不在意他人的回饋時，就有可能會被他人利用，而這一切也都是你自己縱容別人這樣對待你。

37

別讓他人依賴你的善良

從鄉下小地方到大城市來上大學的Z，為人熱心，平時同學都會打電話找他幫忙，連宿舍裡的環境清潔也常常是他一個人整理，想當然耳，同學、室友和他之間的相處，非常「融洽」。

可是慢慢的，相處時間長了以後，Z發現同學們越來越依賴他，而且若是他不動手清掃宿舍，就沒有人會去做這些事，就算垃圾桶裡的垃圾已經滿出來，大家都會選擇無視。

宿舍裡的飲用水也都是Z在煮，如果他沒有燒水，室友們寧願去買瓶裝水也不會幫忙煮水；還有室友們是標準宅男，經常一連好幾天都窩在宿舍打電動不出門，大家養成習慣，只要一通電話給Z，就會有人幫忙帶便當回來；課業上的小組報告，也乾脆交給Z承包，若是他沒做或是生病缺席，其他組員也不會主動處理；更誇張的是，就連早上第一節必修課，都要Z一一提醒，否則，大家就會集體缺課。

有一次，Z因為有事必須一大早就出門，臨走前叫了室友幾聲，但來不及等室友們起床就急忙出門，結果室友們因為賴床，全都被記了曠課。大家紛紛將矛頭指向Z，責怪他沒有叫醒大家，害所有人都睡過頭。

面對大家的指責，Z感到很傷心，他一直都很真誠的對待每個人，幫助每個人，沒想到卻被大家視為理所當然，甚至演變成依賴他的善良行為，一旦自己無法再提供協助就遭受指責，這讓他不得不重新考慮自己的付出是否還有意義。

很多人都有過像Z一樣的困惑，平時熱情大方，樂於助人，是大家眼中的好人，值得信賴的好朋友，可是卻常常讓人產生依賴，大家理所當然的把所有事情都交給他們去做，甚至連責任都託付到這些人身上。這個時候所謂的「善良」就成了一種負擔，一旦自己哪天無法兌現這種「善良」，就引發大家不滿的情緒。

這種「善良依賴症」其實就是一種不負責任的行為。可能有些樂於助人的人不以為然，相信自己越是善良，別人就越願意找自己幫忙，這是因為對方越信任自己！

說真的，這種信任其實很脆弱，因為它是建立在對方的貪婪、自私的心理基礎上。接受幫助和饋贈的人，並不會因為這些善意而真正覺得感謝，反而視為理所當然，覺得那些「充滿善意的人」沒有理由不幫自己，這種想法會令他們變得更挑剔，對自己的事情更加不負責任、更加自私自利。

對於善良的人來說，一旦他人對自己的善意形成依賴，那麼自己將會陷入「越是善良就做得越多」、「越是善良，別人的要求就越多」這樣的惡性循環，而且一旦自己某天不能如人所願，那麼個人形象就會瞬間跌入谷底，甚至會成為別人攻擊的對象。

也就是說，當善良成為被他人依賴的特質時，善良的成本將會越來越大，風險也會越來越高，人際關係則會越來越脆弱，只要稍有不慎，就會「傷害」到別人，同時讓自己陷入尷尬的境地。

從某種程度上來說，過分善良可能會讓自己陷入「好人難做」的窘境，而為了不給自己的善良增加負擔，就要想辦法改變自己。

首先要改變的是態度，任何一個善良的人都需要有所認知：自己不可能幫別人做所有的事，既然做不了，就必須要求自己克制「善意」，適當的收斂，以免被他人一再榨取。

其次要改變行為。有的人明知道自己不可能一直幫助他人，但是當他人提出請求的時候，常常會礙於情面選擇繼續忍讓和妥協，這樣就徹底將自己束縛住了。

為了打破僵局，善良的人需要勇敢拒絕不合情理的要求，需要告訴對方自己「不想做某事」或者「不方便做某事」，尤其是對方明明力所能及的事情，千萬不要好心代勞，因為事事代勞的下一步，就是讓對方產生依賴感。很多時候善良的人需要及時提醒對方，「有些事情必須你自己去完成」。

最後必須改變對於人際關係的看法。有些人覺得唯有自己幫助別人，雙方關係才會更加穩固，才能建立起互信的關係。可是實際上穩定的人際關係是建立在良好的互動上，彼此之間的互動性越強，關係才會越密切，單向的付出和接受恩惠反而會讓彼此的關係變得畸形，付出的一方會越來越力不從心，接收的一方則可能會變得越來越貪婪。

為了營造更加健康的人際關係，那些心地善良、樂於助人的人必須在付出和接受間取得平衡，而且必須改變「只有全心全意為他人付出才能換得信任」的舊觀念，對於那些只要求別人付出或是依賴的人，最好避開。

每一個人都應該保有內心最真誠的善良，但這份善良必須是自由、有底線的，而不是某些人依賴和利用的工具。真正的善良應該是聰明、有自由意志，是有選擇性且有助於平衡人際關係的生存智慧，更是一種利人利己的生存法則。所以，一旦人們對善良形成依賴，對善良表現出理所當然的態度時，那些釋出善意的人就應當控制自己的付出，告訴對方自己做事的原則和底線，因為善良本來就該有底線。

38

善良不是單純的同情弱者

甲、乙兩隊在進行籃球比賽，由於甲隊的實力明顯高出一籌，因此半場過後，乙隊就以四十分的差距大幅落後。落後的乙隊開始急躁，動作越來越大，而遙遙領先的甲隊則顯得有些隱忍和克制。

只是觀眾因為同情弱者的本能，開始為乙隊加油助陣，有些人狂噓甲隊，並且每次裁判判罰乙隊犯規的時候，觀眾席上都會發出震耳欲聾的噓聲，甚至有人舉著有羞辱字眼的標語來干擾甲隊。

由於觀眾情緒不斷高張，使得乙隊的防守動作越來越大，犯規也越來越明顯，球員們還不斷挑動觀眾的情緒，結果兩隊很快就爆發嚴重的肢體衝突，從打球演變成打人，場面一度失控，這個時候觀眾才意識到自己犯了錯。

在這場球賽中，觀眾的問題在於濫用了自己的善良，並且簡單的將付出善意的對象認定為弱者，在他們看來，弱者就是需要幫助，卻沒看出有時候弱者反而是施暴的一方，是傷害他人的人。

事實上，弱者並不一定就值得同情，有些行為不端的弱者，反而是社會規則的破壞者，是道德的違背者。很多弱者會利用自己的弱勢地位提升「存在感」，在他們眼中，自己是最需要幫助的人，所以別人有義務幫忙，應該事事以自己為優先，處處都讓著自己。他們在社會輿論上擁有絕大優勢，所以會認為自己獲得的一切都是理所當然，也就會利用這些優勢，盡可能提出一些不合理的要求。

不僅如此，還有很多弱勢的人會毫不遲疑的破壞規則，違反法律和道德準則，因為他們認定，弱勢族群就是應該被保護。這種不可理喻的優越感和畸形的價值觀，通常會讓他們變得更加肆無忌憚、更加貪婪，同時也讓他們對原本和諧的人際關係產生強大的破壞力。

有個頭髮花白的老人拄著拐杖去銀行辦事，老人對自己抽到的號碼牌還要等很久非常不高興，於是氣憤的走到櫃台，要求行員先辦理他的業務。櫃台旁邊一個正準備上前辦理業務的小姐見到老人無故插隊，看了一下老人手中的號碼牌後禮貌的說：「阿伯，還沒有輪到你喔，你還要再等十一個人。」

老人一聽火氣更大，衝著對方發飆：「我都幾歲了，還需要跟你們這些年輕人一樣排隊？你們應該讓我先辦才對！」老人的蠻橫不講理，讓這位小姐有些錯愕和委屈，只好紅著臉說：「好吧，那就讓你先辦吧！」

聽到對方願意退讓後，老人冷冷的說：「本來就應該這樣。」

老人的這段話讓對方更加難堪。可是這位小姐剛剛往後退了一步，櫃台裡的行員就叫住她：「在沒有特殊情況下，我們希望每個人都能夠按照號碼牌的順序辦理業務，所以這位小姐，我先幫你辦理。」

行員的這番話讓兩人都有些吃驚，看到他們還沒反應過來，行員又再次重複：「請〇〇號（那位小姐的號碼）前往櫃台辦理業務。」聽到指示後，老人只好悻悻然的先離開櫃台。

同情弱者是人的天性和本能，而且是一種美麗的本能，人類的和諧共處往往離不開這種天性和本能，因為有同情心，人類社會在充滿競爭的同時也能存在一些人情味，不至於變成完全冷漠、相互剝奪的野蠻叢林。善良的心使得社會文明得以建立起來，使得人與人之間的強弱關係得到一定程度的平衡。

善良的心態往往包含正面積極的人生觀和價值觀，善良的人多半樂觀向上、能夠明辨是非、擁有明確而合理的評判標準。他們常常會同情弱者，但不會被對方牽制、不會盲目，且毫無底線的幫助那些弱者，也不會縱容那些弱者做出有違正確價值觀的事情。在道德準則和社會法則面前，善良的人會對所有人一視同仁。

因此，我們在釋出善意前，必須先幫善良設下明確的標準，否則善良有可能會變成作惡。一些濫用同情心的人往往會產生像是「弱者代表正義」、「弱者犯錯可以原諒」、「每個弱者都值得幫助」這樣的想法，可是「弱」並不意味著就是好人，也不代表就會善待他人的「善意」。真正的善良並不是盲目的同情弱者，而是同情那些真正需要幫助的人，實質意義上的受害者。

有人說：「善良是託付給君子，而不是奉獻給小人。」真正善良的人並不會將強弱作為評判的標準，他們不會因為對方社會地位更低就無條件給予支持，也不會因為對方缺乏競爭力就無止境的施予恩惠，相較於硬體上的弱勢，善良的人更加注重對方的個人品德與修養，以及行為表現是否符合正確的價值觀。

大家總是想要同情弱者，想要給予他們更多的幫助，但是在打算這麼做時，我們必須做到的是確保弱者是好人，確保他們的要求和需求是合理的，面對那些對社會、對周圍人產生不利影響的人，善良的人則必須進行合理的分析和判斷，然後果斷的拒絕他們不合理的要求。

39

過度善良的九種表現

善良的人很容易陷入過度善良的盲點，而在生活中，常見的過度善良可以分為以下幾種：

表現一：永遠將別人的事情放在第一位

生活中總有一些濫好人，他們明明沒有時間和精力做分外的事，卻還是願意放下自己的事先幫別人解決問題；他們明明還沒做完自己的工作，卻總是先處理別人的工作。這些人非常仗義，但缺乏對自己負責的態度，他們很少認真的替自己著想，也不懂得將自己的利益放在別人的利益之前。這種過分善良的舉動一方面容易被人利用，另一方面容易耽誤自己。

表現二：責任感「過強」，自我感覺良好這種人擁有奇怪而堅定的思維，總是認為「沒有我不行，所以我有理由去幫助別人」，正因為如此，他們往往有求必應，來者不拒，無論對方提出什麼要求都會答應。他們不喜歡讓自己置身事外，也不習慣弱化自己的角色。通常情況下，他們的責任心「過強」，只要有人提出請求，無論他們是否有能力去做，都會將別人的事情當成自己的工作來對待。

表現三：同情心與同理心氾濫

同情心是人類社會情感中很重要的成分，很多人都會同情那些比自己弱小的人，或是在競爭中處於劣勢的人，並且會盡可能幫助他們改善生存環境。不過，過度善良的人往往同情心氾濫，只要看到有人處於弱勢，無論對方是好人還是壞人，行為是否合法合理，他們都會本能的伸出援手。

表現四：對於別人的得寸進尺保持妥協和讓步

很多人做事缺乏尺度，沒有自己的主見和底線，面對他人一而再、再而三的請求時，往往表現得很懦弱，而且臉皮比較薄，不懂得如何拒絕，即使自己不想幫忙，也會想辦法迎合他人的想法，因此常常被人牽著鼻子走。

表現五：和自己關係好的人都應該幫忙

我們在處理人際關係的時候，常常會依據親疏遠近來決定自己的行動，因此會更願意將善意留給自己最喜歡，或是和自己交往最深的人。正因為關係密切，我們很容易毫無防備的幫助他人，願意為之付出一切。殊不知，他人的需求就像一個無底洞，無論我們付出再多可能都難以填滿。

表現六：別人找我幫忙就是相信我

過度善良的人有一個明顯的特徵，那就是把所有人都當好人，對別人的請求毫無防備。在他們看來，任何人上門來尋求幫忙都代表著對方信任自己，而為了這份信任，他們會不加思索的直接認定託付者就是好人，對方的確值得幫忙。可是在日常生活中，有許多人都會利用他人的善良做壞事，甚至恩將仇報。

表現七：被對方騙了，還要繼續幫忙

過度善良的人容易上當受騙，更糟糕的問題是，他們在上當受騙後仍舊不知道如何拒絕他人，不懂得反抗，還是繼續保持「老實人」的作風，於是一再重複著上當受騙的戲碼，這種一而再、再而三的懦弱表現，會讓他們陷入惡性循環。

表現八：任何錯誤都值得原諒

人人都會犯錯，而這些錯誤或多或少都會影響到他人，有些無心之過造成的影響很小，可以平靜看待，但是當遇到錯誤的影響力和破壞力很大，並且犯錯者從主觀上就對受害者不夠尊重時，這種錯誤根本不值得原諒。而過度善良的人缺乏明辨是非的能力，在他們看來，任何一種形式的錯誤都值得原諒。

表現九：我不付出可能會有不良後果

許多過度善良的人都會有這樣的想法：「如果我不去幫忙和付出，可能會在對方心中留下不好的印象，所以無論如何都要想辦法幫別人。」為了在別人面前留下好形象，擁有更好的名聲，我們會表現得過於熱情，並且很容易就被他人道德綁架。所以也可以說，人們會過度善良是因為過於在意形象。

以上情況是過度善良的常見表現，過度善良的人性格較為軟弱，缺乏靈活變通的能力，而這也是他們經常吃虧的原因。想要改變這種情況，首先要改變過去那種「只要自己沒有原則的全力付出，就能夠讓自己變得不可或缺」的錯誤想法，並且為自己每一次的善良行為都設定一個基本的原則和底線，確保自己不會同情心氾濫。

其次，想要贏得他人的尊重，不能僅僅依靠無止境的付出和無底線的妥協，喪失原則的善良只會讓自己不斷陷入被動，不斷產生挫折感。因此，在接受請託前一定要先分析這個要求是否合理，並且評估所提供的協助能不能產生正面的影響，以及弄清楚自己需要為此付出多大的代價。

只要請求超出「在法律和道德規定範圍內，自己有必要去做而且也有能力做好」的界線，就一定要謹慎看待，避免被人道德綁架。畢竟我們每個人都有拒絕的權利，無論在什麼時候都應該讓對方清楚，「無論對我提出什麼要求，都有被拒絕的可能，因此必須考慮我的感受，給予我足夠的尊重」。

勇敢準則 ❽

善良得建立在原則之上。

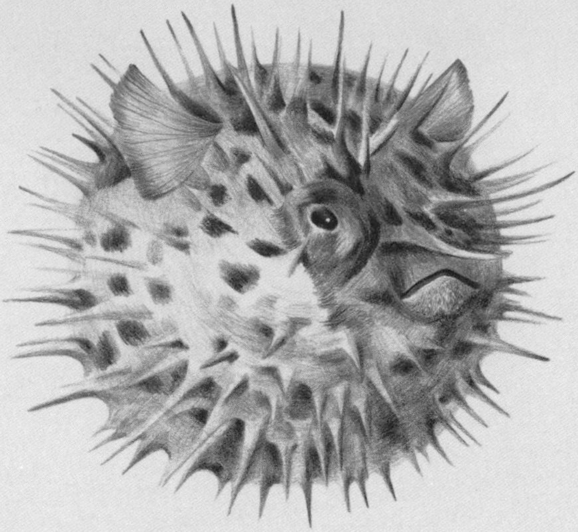

我不是教你壞脾氣，要學會權衡，

要懂得在兩種模式間巧妙切換，

避免出現「太好說話」或者「太難說話」的情況。

chapter

09

別被好脾氣所害，更別被壞脾氣控制

40

抑制暴躁，避免被人利用

本書談到的主題是「不要總是保持好脾氣」，但我們所說的「不要保持好脾氣」，並不是要大家因此變得個性暴躁，畢竟脾氣太差，就會走向另一個極端。我們在前面的章節提到，好脾氣的人多半不夠聰明，很容易被人利用，但是脾氣暴躁的人也會有一樣的問題。

在日常生活中，那些脾氣暴躁的人有很大的性格缺陷，做事比較衝動，容易感情用事，而且為人直率（但是並不聰明），這樣的性格和情緒很容易被他人操控。

舉例來說，脾氣暴躁的人看起來戰鬥力十足，凡事衝第一，因為好勝心很強，不容許失敗，所以做事充滿幹勁，但這些特質都可能反而被人利用，因為那些難度更大、風險更高的工作，可能會被故意安排給他們。

由於過於積極，壞脾氣的人還可能會成為吃苦耐勞的代言人，他們將無法輕易擺脫那些繁重的工作。像是公司裡有很多認真、嚴格、做事遵循原則的人，他們不僅認真做好自己的工作，對其他人也會用同樣嚴格的標準看待，忍不住指點和批評，若是個性直接的人遇到這種情形，在勇於挑戰及喜歡將事情做得更完美的特質驅使之下，很可能在其他人的鼓動下，攬下所有工作。

此外，脾氣暴躁的人通常責任心也很強，在工作中總是一馬當先，因此常常會因為主動承擔過多工作，而成為大家的箭靶或替死鬼。很多人在工作出現問題或遇到困難時會相互推諉、規避責任，而那些說話嗆辣的人通常不會逃避責任，本著對工作的尊重，對團隊的忠誠，他們可能會一肩扛下，這種狀況並非好事，因為很可能會給自己帶來不必要的麻煩。

脾氣暴躁的人對於個人利益和團隊利益也非常看重，他們常常會成為團隊內部的福委會代表，或是內部糾紛的出頭人，對於一些有失公允的事情也會當眾表達不滿，因此常常會成為大眾利益的領頭羊。

這樣的角色定位已經讓他們承受極大的壓力，若是再加上那些想要爭取利益的人只會躲在後方出一張嘴，鼓動那些壞脾氣的人出面，但畢竟社會總是「槍打出頭鳥」，越是站出來發脾氣爭取利益的人，越容易遭到打壓，最終的結果常常是：壞脾氣的人吃力不討好、成為公司的黑名單，而那些躲在背後什麼也不做的人，反而成了最大獲利者。

比如在一群人當中，那些最先跳出來建議改革的人，往往成為激進派和守舊派抗爭的犧牲品。無論守舊派最終是否願意讓步，高舉旗幟的那個人通常都會成為砲灰，而那些在背後偷偷鼓動的人，反而會獲得實實在在的好處。

總而言之，脾氣暴躁的人通常缺乏理性思考，與那些好好先生相較，他們雖然顯得不迂腐，且會認真看待每件事情，但過於激烈的情緒常會讓他們失去自我控制的能力，容易受到他人的鼓動和挑撥，做出不理智的行為。

《禪林寶訓》書中有個故事：有一天，祖心禪師見方丈慧南禪師心事重重，於是就問方丈是不是遇到什麼煩心的事，方丈於是道出原委，原來寺院裡的主事人有個職位空缺，可是卻找不到合適的人選。祖心禪師也知道這個職位非常重要，一定要安排德高望重且有能力的人去擔任，他想起副寺的茲感禪師，認為此人足以擔任要職，於是就建議方丈將其作為人選。慧南禪師聽了連連搖頭：「茲感性格暴躁，容易被小人利用，還是不可。」

脾氣暴躁並不全然是壞事，但是在多數時候，脾氣暴躁的人更容易顯現出性格上的缺失，因此必須適當的予以控制，以免這些缺陷和漏洞被他人利用。那麼該如何自我控制呢？

首先，要避免在一些無關痛癢的小事情上大發雷霆做文章。任何一件事都有其彈性，那些無足輕重的事情沒有什麼大是大非，彈性也更大，在可進亦可退的時候，應當選擇退後一步，不要總是雞蛋裡挑骨頭，在一些根本不會產生什麼影響的小事情上計較，無限上綱。

其次是，不要過分關心別人的事。不管是團隊內部，還是整個社會群體，每個人都有自己的角色和責任，除非是特別重要的事情，否則平時最好不要為別人強出頭。在一些和自己不相干的事情上大動肝火，只會給別人留下「多管閒事」的口實。

第三，動怒前先好好的分析清楚事情的來龍去脈，不要盲目聽從他人的一面之詞。凡事靠自己分析事情，可以更了解事情的真相，才不會輕易淪為他人的棋子，而且聽到他人的鼓譟後，也要注意觀察對方的行為，看看對方是否有下一步的行動，或是否真的關注此事，如果對方光說不做，或是一味的將自己往前推，那麼就要謹防對方是在利用自己。

脾氣比較暴烈的人，平時可以適當發洩自己的情緒，但最好還是堅持以上三個原則，這樣就可以有效控制自己的暴躁脾氣，避免輕易掉入別人挖好的洞裡。

41

發脾氣時要避免被權力操縱

小李是個謙遜、熱情的人，而且性格非常好，可是他的老婆張麗卻不太好相處。由於小李的婚姻是父母一手促成，因此結婚前彼此並不了解，他只知道女方曾經出國留學，在一所貴族學校就讀，說得一口非常流利的英語，而且對外表打扮極為講究，因此猜想她是個舉止得體的大家閨秀。

可是訂婚後不久，小李就發現自己和未婚妻的個性、興趣、涵養、價值觀等都有很大差異。原來張麗因為家境優渥，所以從小有求必應，長大後個性變本加厲，脾氣暴躁、孤傲自大、嫉妒心極強。小李曾當面提出分手，沒想到對方又哭又鬧，讓他只好收回自己的話。張麗也對小李承諾：一定會改掉自己的壞脾氣。

沒想到，兩人結婚後，張麗還是喜怒無常，對別人十分挑剔。她經常私下挖苦小李，認為老公一無是處，連外表的長相到走路的姿勢，都嫌棄到一無是處。

隨著小李當上經理，家裡的經濟環境不斷提升，社會地位不斷提高，張麗竟然變得更加霸道，小李曾因為吃飯時沒注意聽老婆說話，就被潑了一臉熱咖啡。而當上經理後的小李反而更為謙遜，不喜歡別人稱呼自己為「李經理」，而喜歡大家叫他「李先生」，但是變得更加傲慢和愛慕虛榮的張麗，卻開始要求所有人都稱呼他們「李經理」和「李夫人」。

有一次，跟隨小李多年的老員工當著她的面，叫了一聲「李先生」，竟然就被張麗指著鼻子痛罵。張麗的壞脾氣人盡皆知，小李的朋友就說道：「李夫人的尖叫聲經常傳遍整個社區，還會夾雜著摔東西的聲音。」張麗的壞脾氣為她帶來了壞名聲，人們在背後說她是「悍婦」，是「男性殺手」。

壞脾氣有時候是成功的助力，可是任意釋放自己的「壞脾氣」時，若是處理不當，就會造成很大的負面影響。而在什麼情況下，才會發脾氣失控呢？擁有權力是其中一種情況，權力往往是發脾氣的催化劑之一。

我們在第五章曾提到，人們在杏仁核區域受到刺激時會對他人發起攻擊，可是這種攻擊多半會受雙方所扮演的角色和地位影響。也就是說，「如果某人的地位高於其他人，那麼當他的杏仁核區域受到刺激時，就容易對他人發起攻擊；如果某人的地位低於其他人，那麼即便他的杏仁核區域受到刺激，也不會輕易對他人發起攻擊。」

由此可見，權力是脾氣爆發的一個重要因素，權力越大的人，就某種程度來說，越容易對自己看不慣或者不滿的現象動怒，言語上的攻擊性也越強。正因為如此，我們在發脾氣的時候，一方面可以利用權力上的優勢（更具權威性、更具說服力），但另一方面也要避免被權力反噬和操縱。

舉例來說，有的人雖然也會發脾氣，但是並不至於火爆，次數也不多，但是在他們不斷獲得提拔之後，可能會變得越來越容易發飆，讓人覺得不是在交流問題，而像是故意侮辱人，藉此刷存在感，這種對人不對事的狀況，就是比較典型的被權力控制的發脾氣行為。

由於權力的擴大，讓人產生優越感和膨脹感，以為自己才是焦點，是整個體系的核心，有資格對其他人說三道四。不僅如此，在他們眼中，任何可能會威脅到他們地位，或是對他們不夠尊重的人，都是「壞人」，必須立即予以打壓和清除。

當權力過大時，個人在發脾氣的時候很容易出現一些不合理的舉動，或者錯誤的判斷，這些都會使得人際關係變得緊張。正因為如此，經常發脾氣的人必須時刻提醒自己、反省行為，避免自己被權力和欲望吞噬，或是因為個人的膨脹而加劇對他人的傷害。人們一旦在權力面前失去自我管控的能力，壞脾氣就會成為制約個人發展的巨大阻礙。

42

就事論事，不要為發飆而發飆

我們之所以會發脾氣，通常是因為不滿其他人的某些行為或作法，像是有人違反規定、做了不道德的事、做出攻擊行為，或者是侵犯了他人利益。這種針對某個特定事件而發的脾氣，因為針對的對象是引發事件的人，所以很容易被人理解及接受。

不過，也有很多人將發脾氣當成展示自己實力和權勢的一種方式，或是作為攻擊對手的手法。舉例來說，很多主管經常在辦公室裡發脾氣，可能不僅僅是因為工作，有時候是把工作以外的情緒帶進辦公室，像是夫妻吵架導致心情不好，就把怒氣發洩在員工身上；也可能是和朋友發生不愉快，讓他們帶著怒火與員工交流；有時候只是心情低落，也會將負面情緒釋放在員工身上。

如果管理者在工作中遇到挫折和麻煩，或者在與客戶談判的時候不順心，由於自己無法解決這些問題，就遷怒於員工亂發脾氣，可以看出這樣的管理者並不是真正關心員工及公司，而是因為缺乏自制力，還很官僚，會習慣性的把員工當成出氣筒。此外，有些主管如果看某個員工不順眼，或是沒理由的不喜歡對方，就會有事沒事將對方叫到辦公室裡來訓斥一頓，這種公報私仇也很容易讓上下級的衝突加劇。

如果老闆的怒火是因為工作內容、就事論事，員工多半都能理解及接受，畢竟對工作抱持嚴苛的態度也是好事。但是如果老闆動不動就發火，想罵人就罵人，常常為了發脾氣而發脾氣，在工作中夾帶過多私人情緒，或是將私生活和工作交流混為一談，這樣肯定會引發員工的不滿。從心理健康的角度來說，員工們多半可以接受老闆的怒火是對某件事情的過激反應，但不能接受它是習慣性的發作，更不能是一種人身攻擊。

盧文是Ｈ公司的總裁，Ｈ公司的管理向來以嚴厲著稱，而且在很多人眼中，Ｈ公司的風格完全與盧文的脾氣同出一轍。作為這家科技公司的總裁，盧文的壞脾氣幾乎人盡皆知，如果員工沒有按照要求完成任務，他會毫不留情的訓斥員工。

有一次，公司舉辦業績評鑑大會，很多業務的業績都未達標，盧文很不滿意，在大會上大發雷霆，甚至指著其中一位業績不好的員工嚴厲指責，沒想到這個員工因為太害怕會受到懲罰，當場嚇得暈了過去。

這件事在業界傳開之後，很多人都覺得盧文是一個刻薄、無情的人，認為他自以為是高高在上的皇帝，可是事實上，他從來只針對工作而發火，不曾因為工作以外的事情責備員工，也不會為了不重要的事情對人破口大罵。不管是什麼時機、什麼場合，他都只是對事不對人，總不會因為心情不佳就直接罵人。

盧文經常到各地演講，大部分的講者通常只顧著講完自己的議題，但是盧文卻不一樣，他不僅會自己拿捏好演講的細節，還會對聽眾提出要求。

有一次，盧文的丈母娘和親戚去聽他演講，有丈母娘和親戚來捧場，盧文原本覺得很榮幸，可是演講結束後，他卻很生氣，因為他發現丈母娘雖然坐在台下捧場，並沒有認真聽他講，而是一直在跟隔壁親友聊天，這讓他覺得難以接受。

不管是在對誰發火，盧文一概就事論事，可見他之所以經常發脾氣，就是因為對周圍的人有更為嚴格的要求，對任何工作都抱著完美主義的心態。了解盧文的人都知道，他的壞脾氣並沒有惡意，只是習慣用直截了當的言語表達他的價值觀、對事物的真知灼見，及嚴格要求自己和周圍的人。

就事論事是與人交流的一個準則，也是發脾氣的基本要求。一個人如果隨意亂發脾氣，對他人指手畫腳，甚至無中生有，那就是一種不負責任的行為，甚至屬於惡意的人身攻擊，這種壞脾氣的表現會嚴重影響個人形象，讓人覺得這個人缺乏素養。

考慮到負面情緒可能會破壞人際關係，如何最大限度的將怒火壓制在可掌控的範圍裡，是雙方都要考慮的。就事論事容易引發怒火，但它同時也是有效控制脾氣的一種方法，因為發脾氣的目的是為了掌控狀況能夠溝通順暢，好讓自己能夠完整表達想法，強勢的輸出資訊，只要發脾氣的人專注在某件事情的溝通上，就不會輕易讓怒火延燒到其他不相干的事情上。

43

拒絕遲鈍，但要保持鈍感力

在談到好脾氣與壞脾氣之間的平衡問題時，有一個名詞叫作「鈍感」，可以作為最好的註解。

日本作家渡邊淳一在其著作《鈍感力》中，提出這樣的解釋：「所謂『鈍感力』即是『遲鈍之力』，也就是從容面對生活中的挫折傷痛，而不要過分敏感。當今是一個壓力型的社會，跌跌撞撞的愛情、坐如針氈的職場、暗潮洶湧的人際關係，種種壓力像是有病毒的血液一樣逐漸侵蝕人的健康。鈍感力就是人生的潤滑劑、沉重現實的千斤頂；具備不為小事動搖的鈍感力，靈活和敏銳才會成為真正的才能，讓人大展拳腳，變成真正的贏家。」

渡邊淳一所提倡的是有意義的感覺遲鈍，強調的是對困境的耐力，是為人處世的態度，是「為我們贏得美好生活的手段和智慧」。他從醫學、文學的角度分析鈍感力，並認為鈍感力是人們應對競爭激烈、節奏飛快、錯綜複雜的現代社會的一個生存法門，擁有鈍感力的人在面對外界的侵犯時，能夠保持內心的平衡，並與社會和諧共處。由此可見，那些容易發脾氣的人，有時候很需要保持鈍感，才能盡量降低自己對外界的敏感程度，減少暴跳如雷的機率。

但是鈍感力並不是好好先生的標準配備，也不是老實人的特徵，許多好脾氣的人對外界環境同樣不夠敏感，可是這種不敏感只是一般的遲鈍表現，並不是鈍感力的作用，而大部分的好好先生就是這種普通的遲鈍。例如當某人不斷遭受無禮的批評和打擊，但是他對此仍舊毫無防備和覺悟，那麼就可以說這個人很遲鈍。遲鈍的人通常感覺不到外在的變化，對於壓力也渾然不覺，這種表現使得他們在處理人際關係時經常茫然不知所措。

此外，遲鈍的人對於外界的惡意常常保持無條件的寬容，這種「寬容」並非源自他們有包容之心，而是他們對於他人的惡意批評和侵犯根本就是後知後覺，或甚至不知不覺，因此多半不會在第一時間就意識到自己遭受侵害。

想要弄清楚鈍感和遲鈍的區別，可以用ＡＢＣ理論來類比，Ａ表示客觀發生的突發事件，是個人的直覺感知到的東西；Ｂ是大腦對於感官資料的處理過程，它指的是理性思考；Ｃ代表了結果，也就是個人的輸出，包括行動、情緒等。遲鈍的人通常只會停留在Ａ階段，甚至可能連Ａ都搞不清楚，無法準確感知到相關的內容；而懂得使用鈍感力的人則是充分了解Ａ，但是不會過分敏感，他們會平靜的分析Ａ之後再透過行動直接表現出來。

許多人會將鈍感力和遲鈍連結在一起，認為自己對外在環境表現出的「迎合」、「無所謂」就是一種鈍感力，可是真正有鈍感力的人，是懂得透過理性分析來輸出情緒和行動，而遲鈍的人則並不清楚自己所處的環境，不知道自己被人侵犯、被人利用究竟意味著什麼。

一般來說，他人表現得太親切或太惡意都可能會形成威脅，但遲鈍的人對於外在的威脅缺乏積極應對的能力。舉例來說，當老闆突然沒事獻殷勤，給某個員工很多意想不到的好處，或者突然關心員工的日常生活與工作，而此前雙方之間並沒有太多親近的接觸，那麼突如其來的示好就可能隱藏著一些危機，像是老闆可能有特別的事物想要利用這個人，或是老闆根本已經設好陷阱等著對方自己跳下去。這是表面上看來是「好的」的威脅，而遲鈍的人可能只看見表面上的善意，卻看不出背後可能存在的危險。

相反的，如果老闆突然三天兩頭刁難某個員工，經常毫無緣由的辱罵批評他，或者當面排斥和孤立他，這就屬於惡意的威脅，這種「壞」已經超出正常的上下級關係，很容易對人造成傷害和打擊。但是遲鈍的人面對這種情況，多半是感覺不到惡意，或者對這些情況不以為意，在他們眼中自己的生活沒什麼兩樣，面對的環境也沒有太大變化。

遲鈍的人會被當成「好好先生」，被認為擁有寬廣的胸懷，但實際上由於他們缺乏理性分析的能力，常常也不懂得自我保護。而真正有鈍感力的人能夠更加理智的分析外部環境，理性思考自己付出行動和感情後可能帶來的結果，他們通常會保持良好的態度主動追求和諧，在一些小事上不會斤斤計較，而且多數時候都能要求自己別那麼敏感。但是這並不意味著他們就好說話，或是會一味的容忍和退讓，在必要的時候有鈍感力的人也會發飆動怒，尤其在涉及個人核心利益和尊嚴的大事上，他們一定會毫不含糊的做出反擊。

不僅如此，鈍感的人也有脾氣，但不表示他們就會亂發脾氣，而是知道自己在什麼時候、什麼場合該發脾氣，什麼情況下又該保持冷靜，也知道為什麼要發脾氣、脾氣該發到什麼程度，以及發完脾氣後該如何處理。

善於發脾氣的人多半懂得收放自如，他們能夠適度控制好自己的情緒，簡單來說這就是「制怒」。而善於制怒的人往往擁有比較強的鈍感力，看似對外界壓力不太敏感的他們，反而能夠妥善的控制局面，一言一行、一舉一動都拿捏得恰到好處，而這也使他們能夠更輕易的融入環境。

44

別只糾正問題，該讚美的也要讚美

我們在評價某件事或是別人的某個行為時，容易受到感性思維的影響而出現「視覺盲點」，這是指人們只關注事物的某一方面而忽略其他層面。簡單說，就是有時候只看到對方的好，而沒有發現那些不好的地方；又或是有時候我們只看到不好的地方，卻忽略了那些有價值的亮點。

通常脾氣不太好的人比較容易出現「視覺盲點」，因為他們容易對自己或者身邊人所犯的錯誤，或表現出來的不足耿耿於懷，並且會毫不留情的深入追究和批評。對他們來說，這些錯誤和缺陷都被放大了，像是眼中釘、肉中刺，會讓他們渾身不舒服，而他們的任務就是想辦法找出那些不合理、不合格的東西，然後盡快糾正過來。

也許他們對於別人的批評沒有錯，但是這種偏執和狹隘可能會導致自己過於在乎錯誤，而將全部精力投入在如何發現錯誤和糾正錯誤上。再加上人們一直都會專注在負面事情上，而那些不好的東西就吸引住人們的目光，變成了問題專家。心理學家就發現一個現象：當人們在批評他人時很容易形成慣性，或是在發脾氣的時候有可能造成情緒的延續和升級，這就是為什麼我們在罵人的時候，常常會聲音越來越高亢，憤怒的程度也隨之升高。

一旦他們設定自己這樣的角色定位，就可能會因為太過吹毛求疵，而導致很多批評內容牽強附會，因為過分批評他人時會忽略很多重要的細節和資訊，忽略他人提供的選擇和感覺，而且一些小問題或是沒有太多關聯的事情也會被牽涉進來，使得說服力下降。對於壞脾氣的人來說，最重要的課題也許不是揪出別人哪裡做錯，而是避免自己太容易被這些錯誤驅使。

在生活中，常常會遇到這樣的人，當別人做錯事情或是表現出某些缺點的時候，他們就會毫不留情的批評，即使這個人在做這件事的過程中展現出強大的能力和優勢，但批評者仍舊會將目光停留在那些錯事和缺點上。

有的人在他人完成某項工作後，喜歡特別去批評一些做得不好的地方，若是要單純的將這種行為解讀為嚴謹和追求完美主義，並不合理，因為這些批評者往往會抓住問題不放，然後藉機擴大攻擊範圍，將小問題放大成對方的能力或性格問題，並且會加碼攻擊對方的其他錯誤和缺陷，哪怕這些缺點與之前討論的事情並沒有任何關聯。許多人都聲稱自己遭到了朋友、同事或主管類似的批評，而影響了彼此之間的關係，可見這是很普遍的現象。

很多人習慣當個問題專家，總喜歡在一些錯誤上糾纏不休，甚至繼續雞蛋裡挑骨頭，以擴大「戰果」。但其實只要找出問題、進行溝通（無論是爭吵還是批評，都需要將事情擺在檯面上說清楚）、尋求解決問題的方法，三個步驟就能讓事情告一段落，沒有必要一直糾結。尋找問題、關注問題、解決問題是我們在發脾氣時應該去做的事情，但是在試圖批評犯錯者的時候，就該避免被那些錯誤所驅使。

很多人不擅長誇獎別人，也不擅長發掘別人身上的優點，他們比較會將注意力集中在他人的缺點和不足上，會關注他人所做的那些不合理的事情，這樣很容易讓他們在與人溝通的過程中產生摩擦，讓人覺得他們有一副壞脾氣。如果他們願意做出一點改變，在批評別人做那些不合理的事情時，也懂得讚美別人做得好的方面，例如想一想對方做了什麼有價值的事情，或是值得讚許的貢獻，不僅能讓被批評者更容易接受，批評者也會在評估對方的行為時，更有效的控制自己的情緒。

舉個例子。甲、乙兩人因為一件小事發生爭執，甲認為乙的作法很糟糕，並提出嚴厲的批評，乙雖然也意識到自己的錯誤，可是面對甲喋喋不休、咄咄逼人的指責，乙表現出了很強烈的抗拒心理，氣憤的轉過身不理會，並下定決心：「只要對方再多說一句，我就直接離開。」雙方在沉默了好一陣子之後，甲突然開口：「其實你這次也不是完全做錯，有些地方就做得很好。」乙聽了之後火氣頓時消了一大半，雙方的衝突才見緩和下來。

在批評和指責他人的同時，適當也適時釋出一些善意有其必要性，這些善意的表現有時候能發揮很好的緩衝作用，無論是緩和發脾氣的人的情緒，還是引導對於批評者的形象認定，都有很大的幫助，能夠將發脾氣所引發的矛盾衝突降低。

採取這種獨特的方式實際上就是一種有效的平衡機制：批評者既透過發脾氣表達了自己的不滿，對他人做出了警示；同時又適時讚美了他人的優點，以此來博得對方的好感，從而緩和雙方之間的關係。透過有效的讚美，批評者可以適當挽救自己在他人心目中的形象。

45

先了解事情原委，再決定要不要發脾氣

有個賭徒四處借錢，當他找上朋友A時，A有兩個選擇：第一，直接把錢借給對方；第二，斷然拒絕，將對方訓斥一頓。如果選擇第一個答案，就等於當了「濫好人」，這些錢一旦借出去可能再也收不回來了。如果選擇第二個答案，可能會讓人覺得自己不近人情。

正常情況下，A應該選擇第二個答案，可是當A聽說這個賭徒這次借錢是為了母親的醫藥費時，他又決定選擇第一個答案，直接把錢給對方。

在這個例子中可以看出，蒐集完整資訊非常重要，在資訊受到限制或者不完整的情況下，我們對於事情的解讀會比較片面，甚至可能依據經驗法則或者直覺而導致誤判。而當資訊完整充足時，我們對於事物有更加全面的認識，對於事情的前因後果也一目了然，此時所做的分析會更加清晰，思維也會相對比較理性。

由此可見，由於接收到的資訊不同，我們釋放出來的情緒也不一樣，會在「好脾氣」與「壞脾氣」之間變動。

脾氣的好壞多半是性格使然，但是資訊是否完整同樣會產生很大影響，只有先弄清楚事件的前因後果，了解對方是什樣的人，我們才能真正看清楚「這件事對自己意味著什麼，以及造成了什麼影響」。

想要創造正常的溝通方式，在了解對方的行動後再表達也不遲，不要一發現雙方存在著分歧，或者對方沒有按照自己的想法去做，就急於採取強硬行動，有時候要先沉住氣，傾聽對方的真實想法，弄清楚事情的原委再決定自己該怎麼做，效果會更好。

對於那些好脾氣的人同樣如此，他們一方面受到自身性格的影響，另一方面可能對事情的分析不夠透澈，只看到事情的表象，只能依靠點滴的資訊來評估自己與外界的關係，以及外界對自己施加的影響。

無論好脾氣還是壞脾氣的人，他們都很容易先入為主，只顧著表達自己的想法。不過從溝通的角度來說，互相了解是一個重要基礎，但前提是，彼此不要總是只想著表達自己的感受，也要充分了解對方的想法，雙方再進行深入的交流，這樣的溝通才有意義，事情才能有所進展。

了解資訊的其中一種作法就是觀察，也就是仔細觀察正在發生的事情，並清楚準確的說出觀察到的結果。

在這裡，我們需要區分觀察和評論。我們通常習慣於對所看到的人和這個人的行為做出反應，並且給出評判和分析，例如某人在開會時遲到六十分鐘，我們通常不會直觀的說他遲到了一個小時，而是會做出這樣的評斷：對方是個不守時且沒有時間觀念的人。這個人的遲到行為自然而然會被連結到人品問題，就導致觀察（遲到行為）和評判（不守時）被綁在一起。

但是比較完善的作法是，觀察必須和評判區別開來，或者也可以說，必須在充分觀察之後才能做出評判，避免在資訊不充足的情況下產生評判的失誤。所以我們必須在特定的時間和情境中進行觀察，了解溝通對象以及發生的事情，並清楚的描述出觀察結果，不要草率的得出絕對的結論。

觀察的另外一個好處是能夠有效避免慣性思維，比如有些人生氣可能是因為自己的想法，他們認為人們應該或不應該做什麼，同時還給他人貼上各種標籤，然後說長論短。發脾氣的人可能會以自己的一套標準來衡量他人的行為，可能會以自己的思維習慣來看待他人的想法。

同樣的，當我們樂於當好人，為他人作嫁裳的時候，也是出於自己的慣性思維，他們會覺得自己應該像過去一樣保持熱心，並認為最終會引起他人的好感。

人類大部分的認知模式都是為了適應生存，很多時候大家並不關心事情的真相，只在乎這件事會不會對自己的生存造成影響。正因為如此，理性思維顯得至關重要，它幾乎是我們理解世界的基本工具，但理性思考需要有強大的資訊資源作為基礎，而這些資訊資源可說是一個非常重要的平衡器。

好脾氣容易讓我們逐漸淪為弱勢族群，並且降低自我保護的意願，但壞脾氣攻擊性又太強，容易引發更大的衝突，也容易造成誤判，會對人際關係產生傷害。所以在避免成為濫好人的同時，也應該盡量避免成為一個動不動就發飆的「壞蛋」。為了免於走向兩個極端，我們需要在兩者之間找到平衡，或者微調我們的行為，以確保能夠更符合環境的需求。

一般情況下，微調是建立在對資訊有足夠了解的基礎上，無論我們要表現出迎合與妥協的一面，還是強硬、有攻擊性的一面，都應該先掌握充分的資訊才對。如果延伸這個話題，就會牽涉賽局的問題，在賽局論中，有一個最基本的原則就是盡可能掌握充分的資訊，擁有比對方多的資訊是確保在賽局中占據優勢地位的關鍵。這就像是一個參加談判的人，如果了解客戶公司陷入了困境，或是知道對方的底線，那麼就不需要在談判中採取守勢，也不用迎合對方。

反過來說，當談判者對於客戶公司的相關資訊不夠了解，可能會產生這樣的想法：「客戶是上帝，我不能輕易得罪他們，客戶如果非要堅持，那麼我就只能去迎合。」在缺乏資訊的情況下，一貫的「迎合客戶，以客戶利益為重，不要得罪客戶」的想法可能會左右談判者的行為。

因此，當我們糾結於應該保持好脾氣還是壞脾氣時，先不要盲目的被自己的常規思維和態度所影響，應該先想辦法搜集到更充分的資訊，然後在掌握充分資訊的基礎上做出最恰當的表現。

勇敢準則 ❾

不被「壞脾氣」控制，就事論事才是交流準則。

後記

「改變好脾氣」並不是要你厚黑

很多時候，我們會把「不要太好說話」和「厚黑學」連結在一起，認為避免成為一個太好說話的人，就代表要保留一點「厚黑」意識，可是兩者其實是完全不同的概念，我們不能因為害怕「脾氣太好會吃虧」而走上另外一條極端的道路。

「不要太好說話」有幾種含義：不要事事迎合別人，要懂得拒絕他人；要有自我保護意識，不要逆來順受，該反擊的時候要勇敢做出反擊；有時候應該精明一些，不要輕易將自己的全部毫無保留的表現出來；保持強硬態度，具備一定程度的攻擊性和威嚇感……這其中，也包含「保守」和「激進」兩種想法，所有含義都有明顯的層次畫分，有的偏向保守，有的傾向激進，但整體上來說，都是對個人的一種保護。

而「厚黑學」不同，它注重的是一種偽裝，某種層次來說更像是一種謀略，而且帶有比較明顯的負面價值傾向。

在近一世紀的時間流裡，「厚黑」文化並沒有真正成為主流文化之一，無論是在儒家、道家、佛家等思想，還是其他文化體系中，所倡導的價值觀都和「厚黑學」不同，儘管「厚黑學」在現實生活中有一定的實用價值，但是其過於偏激的想法和立場，和帶有誤導性的思維，都很有可能會造成價值觀的扭曲。

「別讓好脾氣害了你」並不是要求大家站在「好脾氣」的對立面，也不是要求大家表現出更虛偽、殘忍、瘋狂的一面，而建議大家擺脫「濫好人」帶來的困擾。我們應該變得更加聰明率性一些，而不是過分迂腐、怯懦和壓抑，這與「厚黑學」所倡導的價值觀並不相同。

毫無疑問的，「厚黑學」的理論是違背社會主流價值和主流思維，儘管厚黑學系列書籍的作者李宗吾本人比較厚道，而且他也說過：「用厚黑以圖謀一己之私利，是極卑劣之行為；用厚黑以圖謀眾人之公利，是至高無上之道德。」「厚黑一道，看來大奸大惡，其實不然，用於正處，則謀公利，破敵國，天下欣然；用於邪處，則牟私利，滅仇家，小人而已。」

可是「厚黑學」更加世故，將社會想得更現實，更為注重利己主義，更加注重陰謀詭計，這些特點決定了它無法被多數人接受。「厚黑學」容易引發人們的誤解，會將人性自私黑暗的一面徹底釋放出來，還有可能會觸犯道德和法律，這一點對於多數人而言都不太適合。

一旦人們過分看重擺脫「濫好人」形象的手段，並且過分釋放內心自私、陰暗的一面，那麼就有可能走上「厚黑」的道路，而這比單純的火暴脾氣、壞脾氣更加危險。所以本書一再強調，避免大家在改變「濫好人」行事風格的時候，走向另一個錯誤的極端。

如果仔細解讀書中的內容，就會發現本書只是立足於現實，希望讀者能夠根據現實情況來選擇更適合的生存方式，我們每天成百上千次的審視周圍的世界，面對這個紛繁複雜的社會，需要懂得如何去保護好自己。書中揭露了非常現實的一面，也提供了一些為人處世的真相，但是並沒有刻意去渲染生活的黑暗，因此與「厚黑原理」沒有關聯，也無須過度解讀。

別再怨嘆好心沒好報，
做人要有被討厭的勇氣！

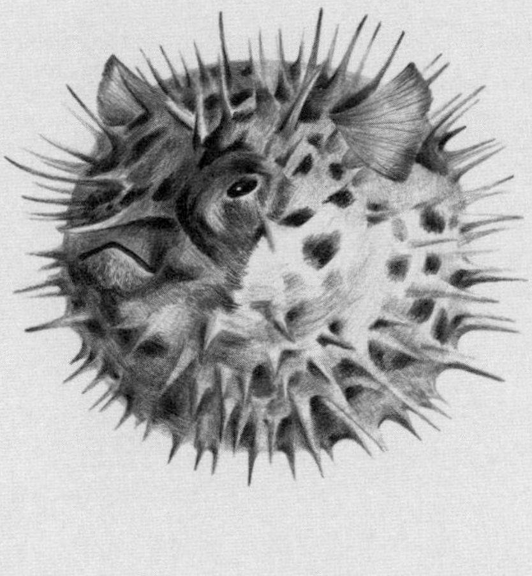

好日子 02

別讓好脾氣害了你

作　　者 / 周維麗
總 編 輯 / 李復民
責任編輯 / 陳瑤蓉
封面設計 / 口米設計
美術編輯 / 口米設計、陳香郿
文字校對 / 呂佳真
專案企劃 / 蔡孟庭、盤惟心

出　　版 / 遠足文化事業股份有限公司（發光體文化）
發　　行 / 遠足文化事業股份有限公司
地　　址 / 231023 新北市新店區民權路 108 之 2 號 9 樓
電　　話：(02) 2218-1417　傳真：(02) 8667-1065
電子信箱：service@bookrep.com.tw
網　　址：www.bookrep.com.tw
郵撥帳號：19504465 遠足文化事業股份有限公司

讀書共和國出版集團
社　　長 / 郭重興
發行人兼出版總監 / 曾大福
業務平台
總經理 / 李雪麗　　副總經理 / 李復民
海外業務協理 / 張鑫峰　　特販業務協理 / 陳綺瑩
實體業務經理 / 林詩富　　專案企劃經理 / 蔡孟庭
印務經理 / 黃禮賢　　印務主任 / 李孟儒

法律顧問 / 華洋法律事務所 蘇文生律師
印　　製 / 中原造像股份有限公司

2020 年 8 月 26 日初版一刷　　定價：330 元
ISBN：978-986-98671-3-9　　書號：2IGD0002

團體訂購請洽業務部 (02) 2218-1417 分機 1132、1520
讀書共和國網路書店 www.bookrep.com.tw

國家圖書館出版品預行編目 (CIP) 資料

別讓好脾氣害了你 / 周維麗作 . -- 初版 . -- 新北市 : 發光體出版 : 遠足文化發行 , 2020.08
面 ;　公分 . -- (好日子 ; 2)
ISBN 978-986-98671-3-9(平裝)

1. 人際關係 2. 人際傳播

177.3　　109010562